AF591700

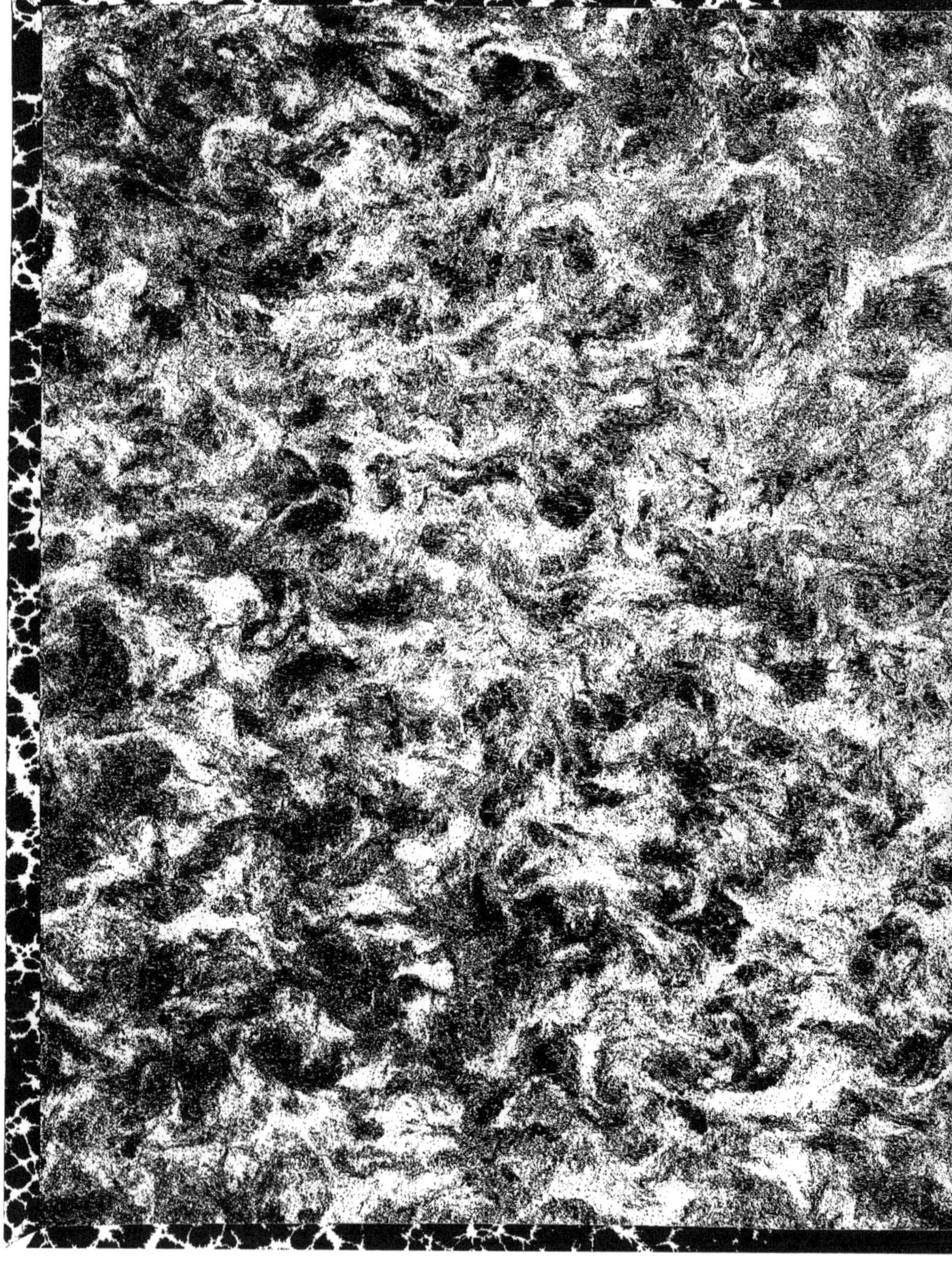

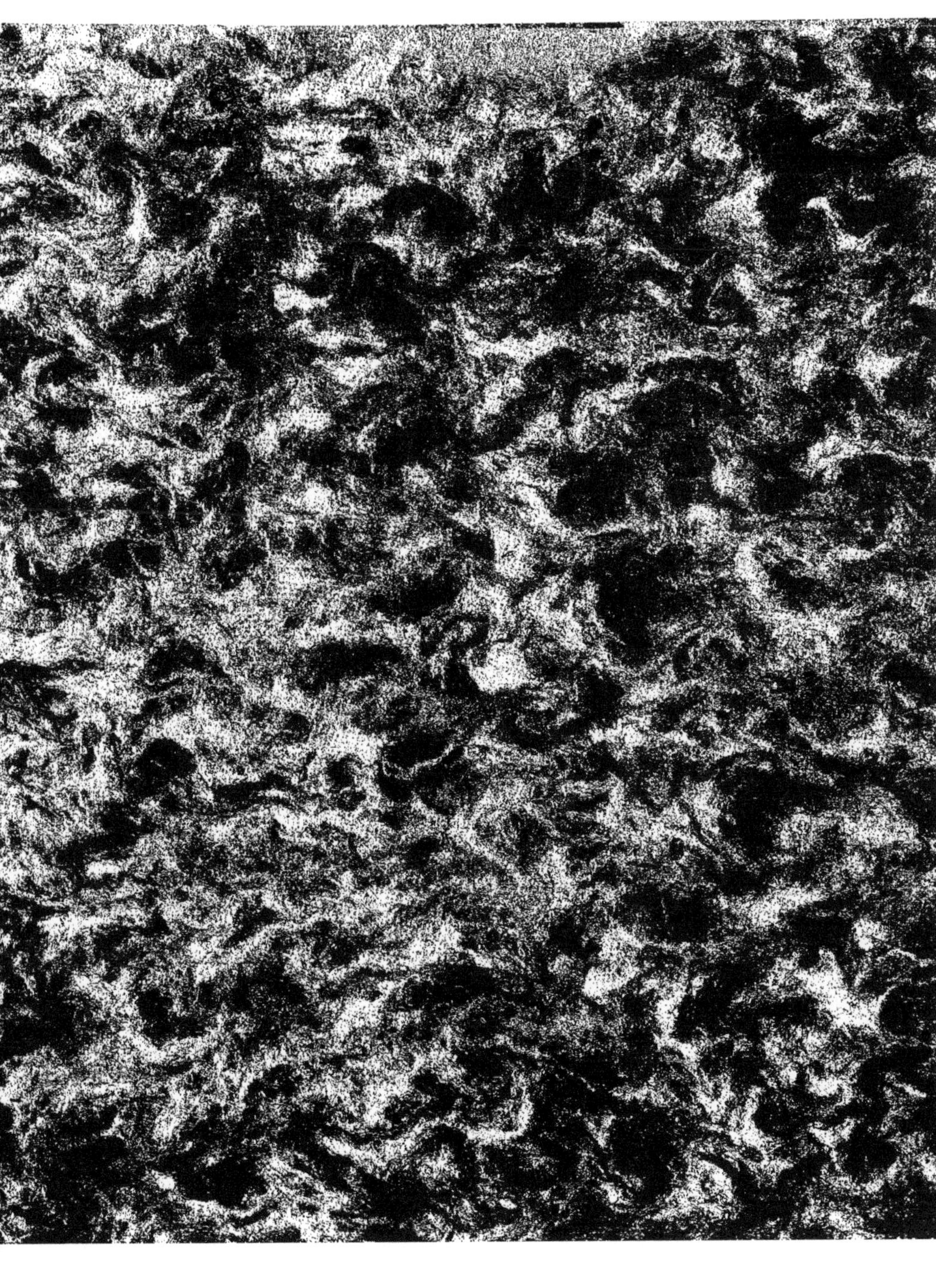

MODÈLES
D'ARCHITECTURE

DE L'ART
RAPPELÉ AU PRINCIPE, AU SENTIMENT NATUREL ET ÉLEVÉ QUI L'A FAIT NAITRE ET AUX QUALITÉS GÉNÉRALES ET COMMUNES, DÉDUITES DES MONUMENTS MÊMES DE TOUS LES LIEUX, DE TOUS LES AGES.

Paris. AUG^te LOGEROT, Quai des Augustins 55.

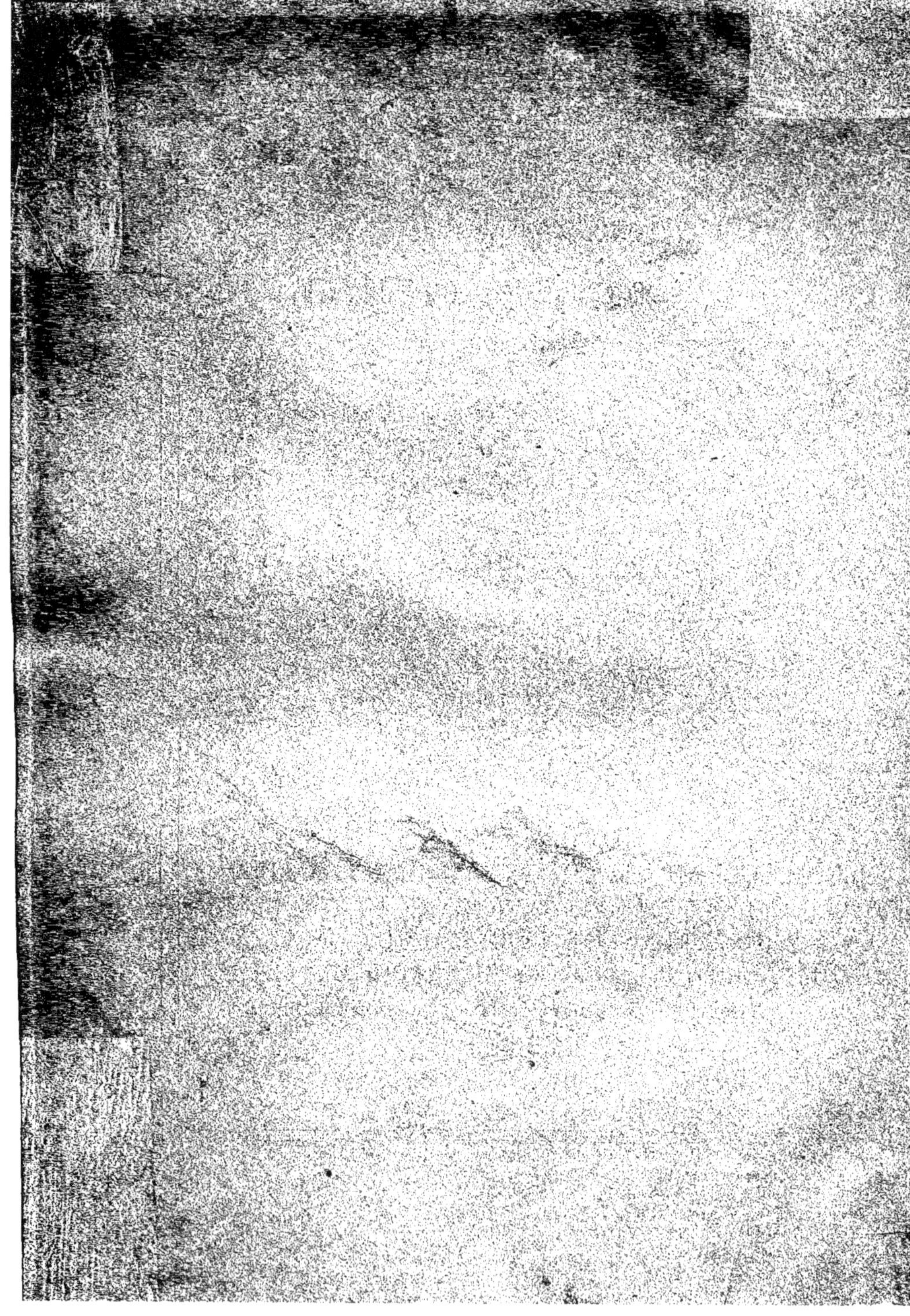

MODÈLES

D'ARCHITECTURE

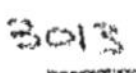

Imprimerie Bonaventure et Ducessois, 55, quai des Augustins.

MODÈLES D'ARCHITECTURE

Depuis l'origine de cet art jusqu'à nos jours :

64 TABLEAUX

REPRÉSENTANT

LES PRINCIPAUX ÉDIFICES DE TOUS LES PAYS ET DE TOUS LES STYLES

PAR J. A. COUSSIN,

ARCHITECTE, ANCIEN PENSIONNAIRE DE L'ACADÉMIE DE FRANCE A ROME.

AUTEUR DU GÉNIE DE L'ARCHITECTURE,

Gravés par Hibon et Thierry.

A. LOGEROT,

QUAI DES GRANDS-AUGUSTINS, 55, PRÈS LE PONT-NEUF.

1849

TABLE

DES

PLANCHES CONTENUES DANS CE VOLUME.

FIN DE LA TABLE.

DU GÉNIE
DE L'ARCHITECTURE.

L'origine de l'Architecture, d'un art utile au monde sous tant de rapports, doit se perdre nécessairement dans la nuit des temps; aussi, n'appartient-il qu'à l'imagination et au raisonnement de suppléer à ce qui n'a pu parvenir jusqu'à nous, de supposer que l'on voit les premières peuplades, conduites par un instinct de conservation, se fabriquer des demeures, soit dans les montagnes, soit sur le bord des étangs, des rivières, ou dans les forêts. Encore que l'on puisse concevoir les premiers travaux des premiers hommes faits avec intelligence, ils ne nous indiquent cependant pas encore la naissance de l'art; comment, en effet, des produits tout matériels auraient-ils pu inspirer des conceptions grandes, mystérieuses et délicates? Comment, par exemple, la grotte, simplement abri, également la tente du nomade, la cabane du chasseur, ont-elles pu donner lieu à former des temples, des palais, des habitations compliquées? Et comment même le pilier brut, le roseau, le tronc de l'arbre, de simples supports, se sont-ils changés en des colonnes caractéristiques, gracieuses et d'aspect stable? On chercherait en vain dans un seul et unique principe la raison de pareilles métamorphoses; aussi, voyons-nous, d'un côté ces premières habitations composées d'éléments *muets*, incapables d'expliquer l'existence de la moindre moulure, du plus petit corps caractéristique; de l'autre, retrouvons-nous ces moulures, ou membres significatifs composant des édifices d'un tout autre ordre, d'une tout autre destination que ces premières productions toutes physiques; d'où nous avons tiré cette conséquence, que *des résultats différents avaient une origine différente;* nous n'en sommes pas restés là; nous avons remonté aux causes, sources naturelles qui se sont trouvées être les deux principes d'après lesquels tout se meut, tout s'explique, et que, pour cette fin, nous croyons ne pouvoir nous dispenser de rappeler ici; l'un appartenant tout entier à la matière, ne tendant que vers un but isolé, tournant toujours dans un même cercle, et qui nous est commun avec chaque animal en particulier; c'est, dans notre sujet, *le besoin borné de se créer un simple abri;* l'autre, d'une nature tout autrement précieuse, libre, étendu, infini, sans l'existence duquel, nous ne dirons pas seulement l'Architecture, mais encore rien d'humain, de grand, de délicat, de beau enfin, n'aurait eu lieu sur la terre; c'est, *ce* NOBLE DÉSIR *qui décèle l'âme, le besoin de cette faculté de se manifester par des consécrations quelconques.* L'ARCHITECTURE EST UNE DES IMPORTANTES MANIFESTATIONS DE CE PRINCIPE ÉTHÉRÉ, qu'il faut voir commencer avec la première pensée morale jointe aux autres conséquences du principe, qui sont, les facultés intellectuelles et, en général, le développement de l'homme, les découvertes qu'il a faites et fait encore, des propriétés de la nature, et enfin, *sa reconnaissance* envers une force bienfaitrice qu'il a sentie régner sur lui-même et universellement : tout l'a conduit, tout l'a excité, et le même sentiment qui lui a inspiré des hymnes, lui a fait adopter des symboles, et se créer des *lieux parlants et dignes*, pour, en commun, se consulter, s'instruire, épancher son cœur et prouver ostensiblement et solennellement son amour.

Ainsi, le besoin d'un bonheur expansif, essentiellement moral, dont la divinité a été le premier et le suprême objet; la nécessité de relater les progrès des lumières, de concourir à l'établissement des lois, en élevant la pensée des peuples ; tels ont été les causes générales, sublimes, originelles, le but toujours subsistant du beau idéal de notre art, lequel va se faire connaître visiblement, jusque dans ses moindres parties, selon les temps, les lieux et les produits naturels du sol de chacun ; de plus, selon le caractère que toute nation imprime à ses propres ouvrages, même à ceux qu'elle reçoit au moyen de communications réciproques ; ce qui a donné en dernier résultat les formes distinctes ou les genres variés que l'on remarque encore dans les diverses contrées du globe, comme par exemple, chez les Indous, les Égyptiens et les Grecs. De ces derniers nous tenons les trois sortes de modes appelés DORIQUE, IONIQUE et CORINTHIEN. Les Etrusques ou Italiens nous ont donné les deux types, TOSCAN et COMPOSITE ou ROMAIN. Puis, sous des formes généralement sveltes, nous sont parvenus les types des Assyriens, des Chinois, des Japonais, des Arabes, des Mores, des Goths et d'autres nations, créatrices ou imitatrices de l'ancien et du nouveau monde.

Parmi tant de genres et de caractères différents, nous ne chercherons pas pourquoi les types Grecs et Romains ont prévalu et sont devenus classiques ; on le sentira par les exemples : et, malgré tout l'intérêt que présente l'histoire des membres architectoniques, comme de les voir se former selon les idées de cosmogonie des peuples, et déjà dans les premiers objets consacrés, comme la pierre du serment, la pierre votive ou de sacrifice, les dieux ronds des anciens (ces premiers prismes chargés d'exprimer symboliquement l'unité, l'immutabilité, l'incompréhensibilité de la nature, la divinité même); et dans tant d'autres signes, formant entre eux des corps de temples pour instruire, de la statistique, de l'astronomie, de l'agriculture, des arts et des sciences en général ; ce sera, surtout, comme parties physiquement nécessaires, stables et ornées, et devant concourir à des effets généraux, que nous considérerons ces caractères : notre but principal, d'ailleurs, étant de faire ressortir les *beautés constantes de l'Architecture*, indépendante des temps et des lieux, des genres et des styles, et enfin de la métaphysique de ses éléments. Mais, avant de nous engager ainsi dans l'exposition des produits de l'Architecture, comme œuvres de génie, nous allons premièrement nommer les travaux qu'il faut regarder comme des lumières qui ont contribué spécialement à faire connaître l'art, et à le propager ; propagation que nous sentons avoir eu lieu, non-seulement par l'effet des besoins naturels, toujours renaissants, par la vue directe des exemples, et par la connaissance des motifs qui les ont fait ériger, mais encore par des descriptions, des réflexions transmises, figurées ou écrites; enfin, par le moyen de recueils de diverses matières combinées ensemble en corps de doctrine, et présentées à la méditation, au génie, comme règles approximatives, comme point de départ le plus élevé sous toutes sortes de rapports.

Quant à ces dernières instructions répandues sur le matériel de l'art, à notre su, elles ne remontent qu'au temps d'Auguste; le savoir des autres peuples ne nous étant connu que par leurs édifices mêmes. Notre premier hommage s'adresse à Vitruve, architecte romain, qui fit un ouvrage de l'importance duquel on peut juger par le simple extrait qui suit, des dix livres dont il se compose. Le Ier traite d'abord des qualités que doit avoir un architecte; puis, de la disposition générale des villes, et des lieux propres pour les édifices publics; le IIe, de la manière de vivre des premiers hommes, et de leur début dans la formation des mortiers; les IIIe et IVe, de l'ordonnance des temples Doriques Ioniques et Corinthiens, et de ceux à la manière Toscane, de leurs proportions en forme de règles, et des détails de la disposition des autels; le Ve, des places publiques, des basiliques, des théâtres Grecs et Romains, des promenoirs, bains, palestres, et de la manière de former des jetées en mer; le VIe, des maisons de ville et de campagne; de leur disposition à l'égard du ciel; des distributions de celles Grecques et Romaines, et, de plus, de quelques parties de construction y relatives; le VIIe, des enduits dans tous les sens, en stuc, et de quelques parties de construction; le VIIIe traite des eaux, de leur recherche, et des moyens de les conduire; le IXe, de la gnonomique et de la construction des horloges d'eau; le Xe et dernier livre traite des machines de transport de fardeaux, des grues, des machines hydrauliques et de guerre.

Notre auteur ne dissimule pas les obligations qu'il a eues aux écrivains qui l'ont précédé; il nomme d'abord Agatharcus qui avait donné un livre sur l'art de faire des décorations de théâtre pour les tragédies; Démocrite et Anaxagore, qui ont écrit également sur ce sujet; Silène, qui fit un livre des proportions de l'ordre Dorique; Théodorus, qui écrivit sur le temple de Junon, qui est à Samos, d'ordre Dorique; Ctésiphon et Métagène, sur celui de Diane, qui est à Éphèse, d'ordre Ionique; Philéos sur celui de Minerve, qui est à Priène, d'ordre Ionique; Ictinus et Carpion, sur un autre temple de Minerve, d'ordre Ionique, qui est à Athènes, dans le château; Théodorus Phocéen, sur le Thôle qui est à Delphes; Philon, sur les proportions des temples de l'arsenal qui étaient au port du Pirée; Hermogénès, sur le temple de Diane, qui est d'ordre Ionique, en la Magnésie, et sur un autre à Bacchus, dans l'île de Théos; Argelius, sur les proportions de l'ordre Corinthien, et sur le temple d'Esculape, qui est d'ordre Ionique, au pays des Tralliens, et que l'on dit avoir été fait de ses propres mains. Enfin, Satyrus et Phyteus, qui traitent du mausolée auquel ils ont travaillé avec tant de succès, que cet ouvrage a mérité l'approbation de tous les siècles. Il dit qu'il est encore d'autres *ouvriers* qui ont écrit sur les proportions; savoir : Méxaris, Théocidès, Démophilos, Poclis, Leonidès, Silanion, Mélampus, Sarnacus, Euphranor. Ceux qui ont écrit des machines sont : Diadès, Architas, Archimède, Ctésibius, Nymphodorus, Philon Bysantin, Diphilos, Charidas, Polidos, Piros et Agésistratès.

En remarquant que les auteurs de son pays avaient peu écrit, il cite cependant Fussitius, comme le premier qui a fait un excellent volume; Terentius Varro, qui a aussi écrit neuf livres des sciences, dont un traité de l'Architecture; Publius Septimius qui en a écrit deux; mais il observe que l'Italie n'a pas eu d'autres écrivains sur cette matière, quoiqu'il y ait eu des citoyens romains qui auraient pu, dit-il, en écrire fort pertinemment; car ler architectes Antistatès, Calleschros, Antimachidès et Perinos, ayant commencé, à Athènes, les fondements du temple que Pysistrate faisait bâtir à Jupiter Olympien, l'édifice fut continué, deux cents ans après, aux frais du roi Antiochus, par Cossutius, citoyen romain, lequel s'est acquis, en cette occasion, beaucoup d'honneur, ainsi que Peonius et Daphnis Milésien, qui bâtirent le temple d'Apollon dans la ville de Milet, et qu'ils firent aussi selon les proportions de l'ordre Ionique. Ictinus bâtit le temple de Cérès et de Proserpine à Éleusis, le fit d'ordre Dorique, auquel Philon ajouta le portique. Enfin, C. Mutius bâtit le temple de l'Honneur et de la Vertu, sous Marius, etc. Cet ouvrage de Vitruve, comme on peut le voir, est rempli de notions positives, auxquelles il manque cependant les figures des choses décrites, que beaucoup de traducteurs ont interprétées de leur mieux.

Après une grande lacune, vers 1460, la Grèce étant dépouillée de son ancienne splendeur, les plus savants et les plus illustres personnages de ce pays vinrent se réfugier en Italie, y apporter les débris de diverses bibliothèques fameuses, dont celles de Rome, de Florence et de Venise ont été enrichies. Alors l'Architecture profitant de ces nouveaux avantages, la lecture des livres de Vitruve, devenue plus familière, et jointe aux anciens exemples locaux, fit revivre les principes, les types délaissés depuis la décadence de l'empire Romain.

Dans ce temps, parut aussi un livre auquel on attribue une partie de la bonne influence; il est intitulé le Songe de Polyphile. L'auteur, sous une forme mystique, amoureuse, philosophique, fait des récits, des descriptions détaillées de restes d'anciens chef-d'œuvre qu'il montre gisants sur la terre, et, à ce sujet, reproche à son siècle sa barbarie, et à ses contemporains d'être des *gâte-pierres;* puis, comme transporté dans des lieux de délices, son imagination s'y représente une *île enchantée* renfermant des édifices superbes, allégoriques, à effets merveilleux : là, sont des amphithéâtres, des cirques, des bains, des monuments astronomiques; puis, entre autres, une habitation enchanteresse, qu'il nous fait voir composée de cours gracieuses rafraîchies par des fontaines jaillissantes, ingénieusement dessinées; un beau palais orné de peintures et de sculptures d'un bon goût; des jardins animés par le mouvement des eaux; des pavillons symboliques; des bocages ombragés par une végétation variée, odorante, parsemée de fleurs et de fruits; enfin jusqu'aux rites religieux, aux cérémonies civiles, à la toilette des dames et aux bijoux, tout y est décrit avec la plus grande recherche, et reporte véritablement bien à l'origine de cette charmante époque pour les arts, appelée la Renaissance, dont il nous reste encore des souvenirs assez précieux en France, et surtout en Italie.

A ces deux auteurs, en succédèrent d'autres sans interruption, à venir jusqu'à nous; les uns, comme Vitruve, se sont occupés de principes généraux; d'autres ont publié ce qu'ils avaient acquis par leur propres expérience, et ils nous ont transmis les produits ostensibles et spéculatifs de leur génie; d'autres, enfin, ont publié des recueils d'exemples et d'ouvrages complets des grands maîtres : les noms et ouvrages de ces continuateurs, de ces propagateurs utiles, ont paru à-peu-près dans l'ordre suivant, savoir : Julien de

Mayano, un des premiers restaurateurs du style romain à Venise et à Rome, dans le palais de la république; Bruneleschi, également restaurateur, dans Florence, sa patrie; Bramante, à Rome, dont les œuvres sont, entre autres, le palais de la Chancellérie et le petit temple de Saint-Pierre *in Montorio;* Baldassare Peruzzi; ses œuvres, particulièrement son palais Massimi, ouvrage d'une belle disposition de goût et de style, quoique dans un espace fort circonscrit; Léon Alberti, de Florence, son Traité d'Architecture, et sa restauration de l'église de Rimini; Pirro-Ligorio, ses ouvrages, comme par exemple le Casin dans les jardins du Vatican, puis son plan public de Rome antique; Sansovino, l'application des beautés de l'art aux travaux de la défense des places; Michel-Angelo, ses œuvres sans nombre; également Palladio, ses œuvres, tant celles ostensibles, et surtout à Vicence, que ses restaurations spéculatives des édifices antiques de Rome; Barozzi de Vignole, ses œuvres; puis également les Serlio, Scamozzi, Rusconi, Philibert de Lorme (de France) : ce dernier est auteur, en sus, d'un système de charpente en planches fort ingénieux; Bullant et Debrosse : ces huit derniers auteurs ont chacun formé un Traité des cinq ordonnances d'architecture dont il sera parlé en son temps; puis viennent Pierre Lescaut, ses œuvres, entre autres le commencement de la cour du Louvre, à Paris; Felibien, ses descriptions traduites des maisons de Pline, ses Réflexions sur l'architecture romaine, et son Dictionnaire des arts; Lepautre, ses œuvres spéculatives, et sa belle cascade de Saint-Cloud; Libéral Bruant, l'Hôtel, et particulièrement la belle cour des Invalides, à Paris; Mansard, continuateur du dôme de ce monument, et auteur d'autres productions; Pierre le muet, éditeur des Œuvres de Vignole et de Palladio, ses OEuvres et Réflexions sur l'art de bâtir; Levaux, son édifice appelé les Quatre-Nations, à Paris, et le château de Valveaux; Lemercier, ses œuvres, entre autres l'Eglise de la Sorbonne, à Paris, l'achèvement de la forme générale de la cour du Louvre, à Paris, le château de Bicêtre, etc.; Androuet du Cerceau, sa publication des plus excellents bâtiments de France; Jean Marot, son Architecture française, particulièrement du château de Richelieu; Perrault, ses œuvres au Louvre, entre autres la célèbre colonnade extérieure de ce palais; puis son excellente Traduction des dix livres de Vitruve, laquelle traduction a été précédée de celles de Jocundus, Daniels Barbaro, Jean Martin (de Paris); de D. Augustino Gallo de Berardo, Galiani; don Jos. Ortiz y Sanz, de Madrid : François Blondel, ses œuvres, entre autres, la porte Saint-Denis, à Paris, son Cours, en trois volumes, à l'Académie, comprenant : le premier, l'art depuis les premiers siècles, et un traité de l'Architecture, de la Sculpture, de la Peinture, de la distribution en général des jardins en quinconces, terrasses, fontaines, etc., de la décoration extérieure et intérieure des bâtiments, de la construction, des marbres, des grès, du plâtre, des sables et ciments, de la charpente, des combles et du pavage; le deuxième, l'histoire de Paris, des principaux édifices du faubourg Saint-Germain, des amphithéâtres des anciens et des statues; le troisième, également l'histoire des monuments de Paris, entre autres de la fontaine des Innocents, de la Porte Saint-Denis et de la Porte Saint-Martin, des grandes habitations des Tuileries, du Louvre et du château de Versailles; Jacques-François Blondel, aussi son Cours d'architecture, et son Recueil de plans, élévations, coupes et profils des églises et maisons royales de France; Dumont, la publication de l'architecture de Saint-Pierre de Rome, un Parallèle des plus belles salles de spectacle des modernes, avec ses Mémoires sur les plus importants objets de l'Architecture; Desgodets, son excellent Relevé mesuré de édifices antiques de Rome; Bulet, ses œuvres, entre autres la Porte Saint-Martin, Paris, son Architecture pratique; Cochin et Bellicard, leurs Observations sur les ant quités d'Herculanum; Norden, les premières publications sur l'Architecture des Égyp tiens; Delaloubert, son voyage de Siam; Chambert, son Voyage en Chine, ses observa tions sur l'architecture de ce pays; Amiot Helmann, un autre ouvrage sur le mêm pays, intitulé : Vie de Confucius; Grelot, la Publication et description des mosquées d Constantinople; Thomas Daniel, la Publication des édifices antiques et modernes d l'Inde; François Pyranesi, ses nombreux ouvrages publiés d'après les antiquité romaines, et particulièrement ce qui a trait aux détails et ornements; Nolli, son Pla de Rome, ouvrage exact où ressort la disposition des principaux édifices; Bélidor, so ouvrage sur la science des ingénieurs; Servandoni, ses travaux, entre autres le porta Saint-Sulpice, à Paris; Leroy, son Cours d'Architecture, ses premières excitations a genre grec, et son voyage en Grèce; Prieur, les premières publications des travaux d l'Académie de France; Delagardette, ses œuvres, son Relevé exact des temples de Pes tum; Raimond, ses Observations sur la construction du dôme de la *Madone della salute* comparé avec celui des Invalides, à Paris; Louis, ses œuvres, entre autres les deux salle de spectacle de Paris et de Bordeaux; Felda, sa publication des plans des palais de Rome, des plus célèbres architectes; Chalgrin, ses œuvres, sa restauration des tour Saint-Sulpice, l'église Saint Philippe du Roule, et sa restauration du Luxembourg, à Paris; Perronnet, ses Descriptions des projets des ponts de Neuilly, Mantes et Orléans Peyre, ses diverses compositions de palais, d'églises, de chapelles sépulcrales, et le relevés des Thermes d'Antonin et de Dioclétien; Gondoin, l'érection et la publication d son Ecole de chirurgie, à Paris; Peyre, frère du précédent, ses œuvres, et la publicatio de ses projets; Viel, la publication de ses œuvres, son Traité de construction; Stuar et Revelt, leur bel ouvrage sur les antiquités de la Grèce; Viel de Saint-Meaux, se Lettres sur l'origine de l'Architecture; Percier et Fontaine, leurs œuvres, entre autre leur belles restaurations intérieures des palais des Tuileries et du Louvre, de plus, l publication des palais de Rome et des villes d'Italie; Rondelet, son Cours de construc tion, ou Recueil d'exemples tant antiques que modernes; Milizia, ses Réflexions e préceptes sur l'Architecture; Durand, son cours d'Architecture à l'Ecole Polytechnique son Parallèle donnant un aperçu général d'édifices qui ont existé et qui existent encor sur la terre; Legrand, ses Réflexions sur l'ouvrage précédent, en forme d'histoir générale de l'art; Quatremère-de-Quincy, ses Réflexions sur l'Architecture chez le Egyptiens, son Dictionnaire faisant partie de l'Encyclopédie méthodique; Denon, so ouvrage traitant des premières explorations, de nos jours, de l'Egypte; Landon, l publication d'une édition, au simple trait, des antiquités grecques de Stuart et Revelt avec texte en français, par M. Feuillet; Alexandre de la Borde, son grand ouvrage su les antiquités d'Espagne; Dubut, ses compositions, ou excitation à former des maison agréables; Famin et Granjean, leur publication des édifices de la Toscane; la Commis sion française des arts en Egypte, son bel et vaste ouvrage qui se compose, pou l'architecture, de relevés, exactement mesurés et dessinés des édifices égyptiens, e de leur restaurations spéculatives; d'Agincourt, son grand ouvrage sur l'état de l'art depuis l'époque de sa décadence jusqu'à celle de sa renaissance, le texte revu, en dernier lieu, par feu Dufourni; Langlès, son ouvrage sur l'architecture chez les Indous, avec texte très-instructif sous toutes sortes de rapports; Debret et Lebas, leur publication des œuvres complètes de Vignole; l'académie de Venise, sa publication des édifices de tous les âges de cette cité, ouvrage formé avec autant de soin que d'exactitude; Gandi, sa publication des édifices découverts à Pompéia, et de leurs restaurations spéculatives; Gauthier, la publication des édifices de Gènes; Baltard, son commencement de publication des monuments de France, bien détaillés et bien dessinés; Ali-bey, ses relations de voyage, entre autres, une description de la Mecque; Mazois, son voyage très-étendu sur Pompéia, ses recueils authentiques de fragments des édifices de cette cité, et ses restaurations des principaux monuments; Caristie, la publication de sa restauration intéressante du Forum romanum, et des édifices qui composaient ce lieu célèbre, etc.

Nous n'avons fait qu'effleurer le nombre et les titres desprincipaux ouvrages publiés; que serait-ce si, en les détaillant, nous ajoutions encore ces milliers d'observations savantes, ces pensées provenant de concours, de combats polémiques, et, surtout, ces incalculables exemples locaux, soit antiques, soit modernes, que chaque artiste a encore multipliés, en en faisant ressortir des règles des principes, pour son usage particulier? Certainement voilà bien des matériaux, des archives, on peut le dire, sans limites! Il semblerait que l'imagination de l'homme a tout épuisé; que tout a été prévu; qu'il n'y a plus, pour l'artiste, qu'à choisir et diriger; que l'amateur n'a plus qu'à comparer; mais la plus simple observation, la moindre expérience, en font juger tout autrement. L'observation nous montre *les différentes variétés indispensablement nécessaires dans les choses*; l'expérience nous apprend que, *pour la plus simple proposition nouvelle, il faut des idées, des solutions nouvelles*; que, sans compter l'application des lois générales, comme la disposition caractéristique, la disposition positive, propre et relative, les proportions également propres et relatives aux localités, et d'autres dont il sera parlé, il est cent espèces de programmes généraux susceptibles d'être modifiés par un nombre infini de données particulières, et qu'il n'y a pas jusqu'aux moyens d'édifier qui ne réclament aussi des idées neuves, ce que les livres, conséquemment, ne peuvent fournir. Il nous est donc démontré que notre art n'est qu'une suite de créations et de modifications; que l'on pourrait en faire, si l'on voulait, la comparaison avec l'art de peindre, et dire, par exemple : Nos connaissances positives, et qui peuvent s'acquérir, sont à l'architecture ce que la connaissance du squelette, la science de l'anatomie, la perspective, la composition et l'union des couleurs sont à la peinture; que nos relevés mesurés et dessinés, d'après les édifices quelconques, et les remarques en tout genre que l'on en peut faire, sont pour nous ce que serait, pour le peintre, l'étude du mécanisme du modèle vivant, dans toutes ses attitudes et inflexions; enfin, que les qualités qui constituent le beau, et qui se remarquent dans les grands et petits travaux, depuis le temple jusqu'à la maison du pâtre, sont, pour nous, matière à étudier les caractères, les styles et l'harmonie, justement comme le peintre étudie ses genres, ses degrés de caractère, ses exemples d'harmonie, dans les beautés grandes et ordinaires, depuis celles de l'Hercule et de l'Apollon, jusqu'à la beauté simplement physique du berger.

Mais qui pourrait assigner des lois à l'art de peindre, à l'artiste, pour que celui-ci pût mécaniquement appliquer, sous tous les rapports, ses diverses études, de manière à produire des ensembles parfaits, des effets moraux et harmoniques qui émeuvent, qui attachent? personne, nous le pensons. De même, en architecture, on ne peut rien fixer d'absolu. Il faut donc penser qu'il existe, dans la nature, un moteur puisssant qui a su et sait tout vivifier; pour qui les exemples, tout innombrables qu'ils soient, ne sont que des moyens, des sujets d'inspiration; qui a le secret de toujours inventer, après tant d'inventions, jusqu'à changer, pour ainsi dire, la copie en original, par la recomposition qu'il fait de toutes ses parties : le lecteur a déjà nommé le *Génie*.

AINSI · QVE · LES · MVSES · SES · SŒVRS · ON · NE · LA · TROVVE · QVE · SVR · LE · MONT · SACRE
DE · MEME
QVE · LEVRS · TRAVAVX
LES · SIENS
SONT
ACCESSIBLES
AV · SENTIMENT
DE · TOVS.

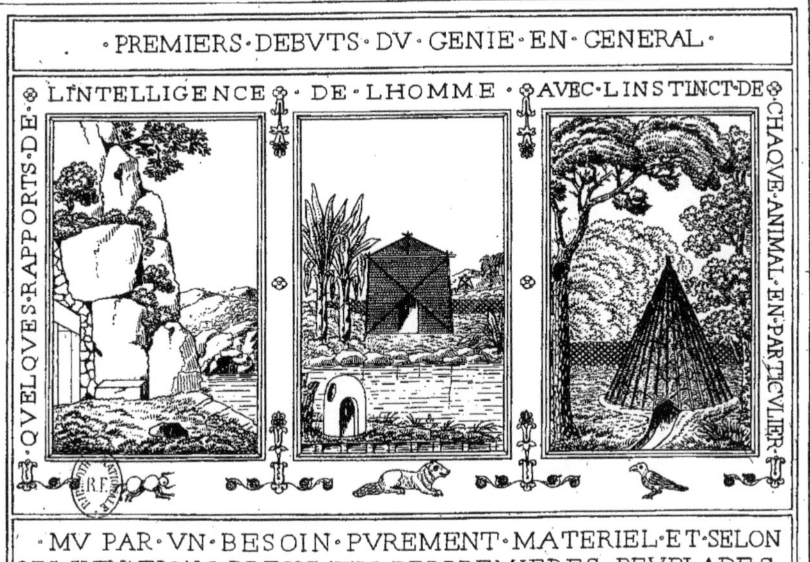
2
· PREMIERS · DEBVTS · DV · GENIE · EN · GENERAL ·
QVELQVES · RAPPORTS · DE · L'INTELLIGENCE · DE · LHOMME · AVEC · LINSTINCT · DE · CHAQVE · ANIMAL · EN · PARTICVLIER
· MV PAR · VN · BESOIN · PVREMENT · MATERIEL · ET · SELON
LES · SITVATIONS · PRESVMEES · DES · PREMIERES · PEVPLADES ·

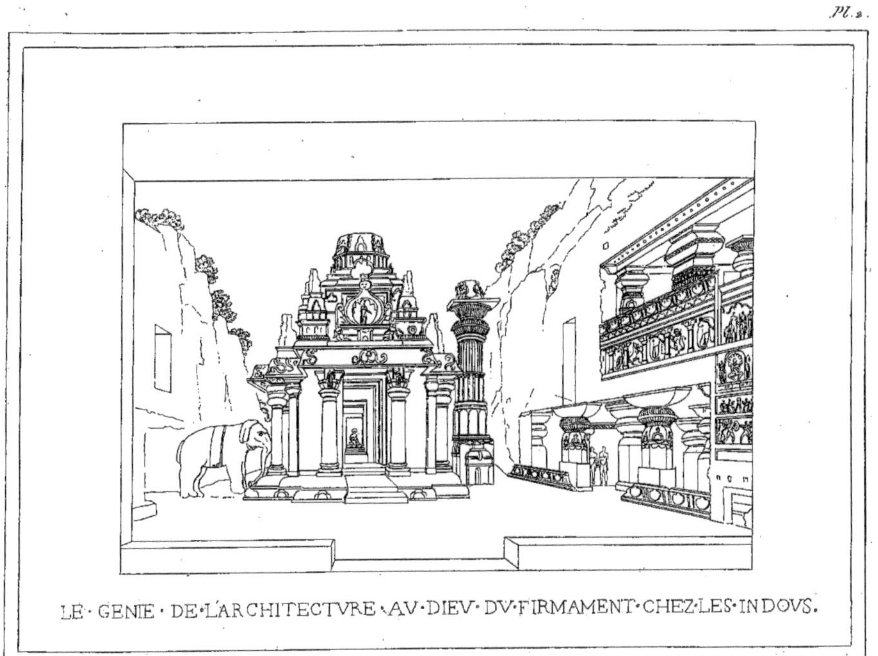

LE · GENIE · DE·L'ARCHITECTVRE · AV · DIEV · DV·FIRMAMENT · CHEZ·LES·INDOVS.

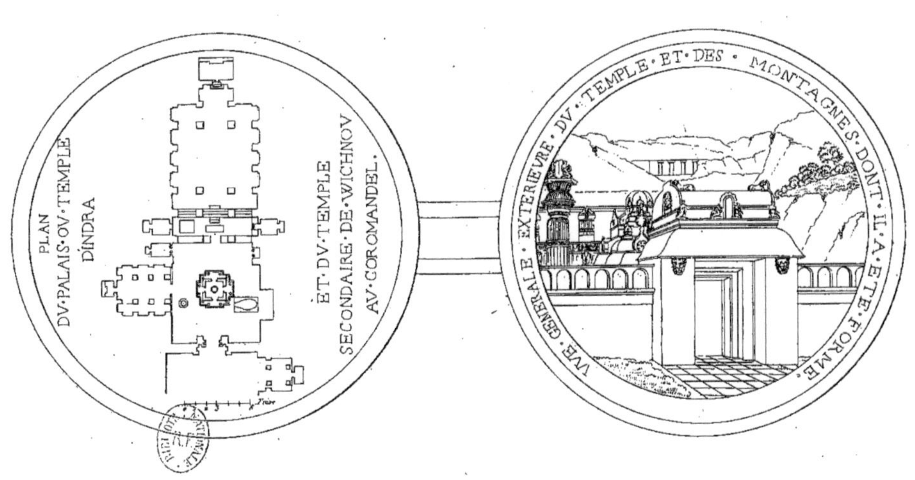

Pl. 3.

DE·L'ART·EN·EGYPTE
MER MEDITERRANEE
BASSE EGYPTE
ARABIE PETREE
HEPTANOMIDE
AFRIQUE
ASIE
HAUTE EGYPTE OU THEBAIDE
MER ROUGE
N
E
S
30
26

3.

LE · GENIE · DE · L'ARCHITECTVRE · A · L'VTILITE · MORALE
ET · IDEES · PROGRESSIVES · DES · MONVMENTS · AV · TYPE · A · L'ASPECT · STABLE
A · PARTIR · DES · MONTAGNES · D'ELORA · DE · LA · PREMIERE · PIERRE · VOTIVE
DES · DIEVX · RONDS · DES · ANCIENS · A VENIR · AV · PANTHEON · DE · ROME · ET
AVTRES · EDIFICES · CONSACRES · AVX · IDEES · ELEVEES .
hibon sc

LE·GENIE·DE·L'ARCHITECTVRE·A·OSIRIS·LE·SOLEIL
CHEZ·LES·EGYPTIENS.

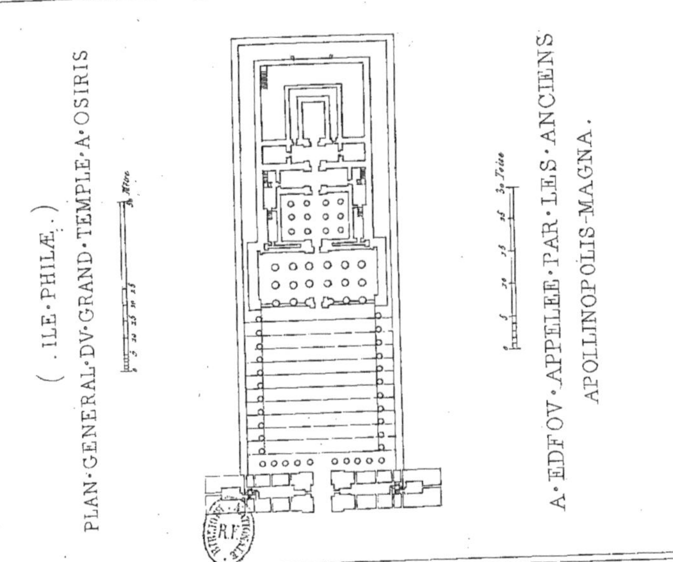

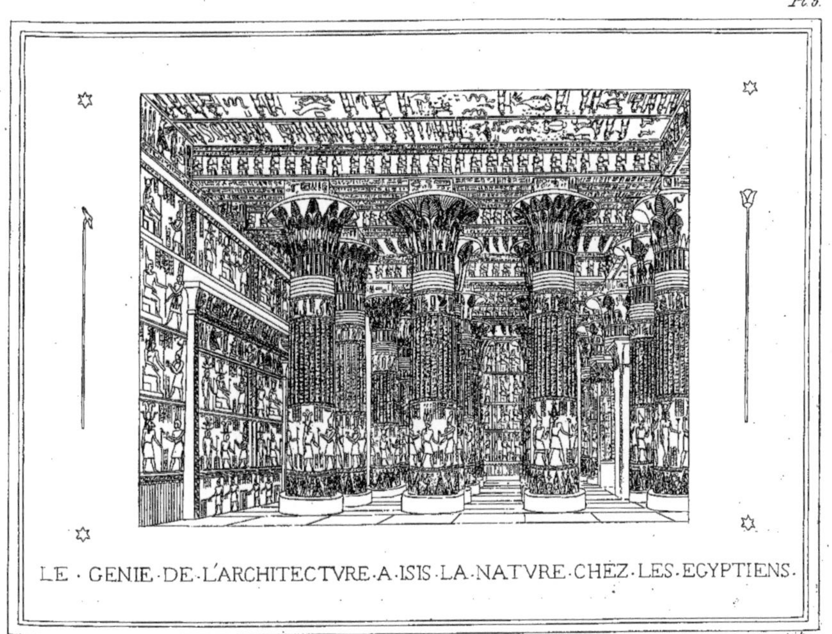
LE · GENIE · DE · L'ARCHITECTVRE · A · ISIS · LA · NATVRE · CHEZ · LES · EGYPTIENS ·

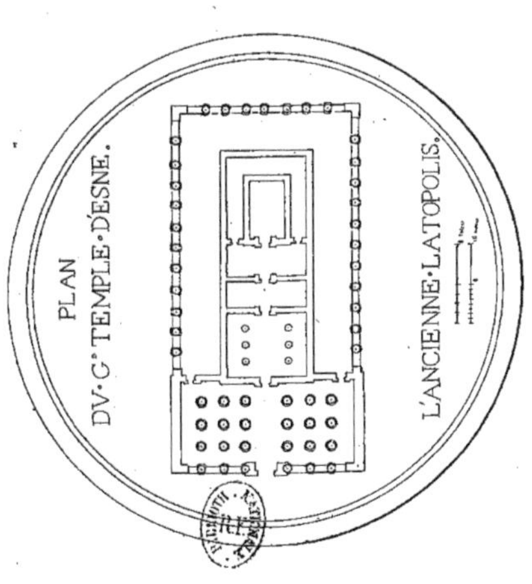
PLAN
DV · Gd TEMPLE · D'ESNE ·
L'ANCIENNE · LATOPOLIS ·

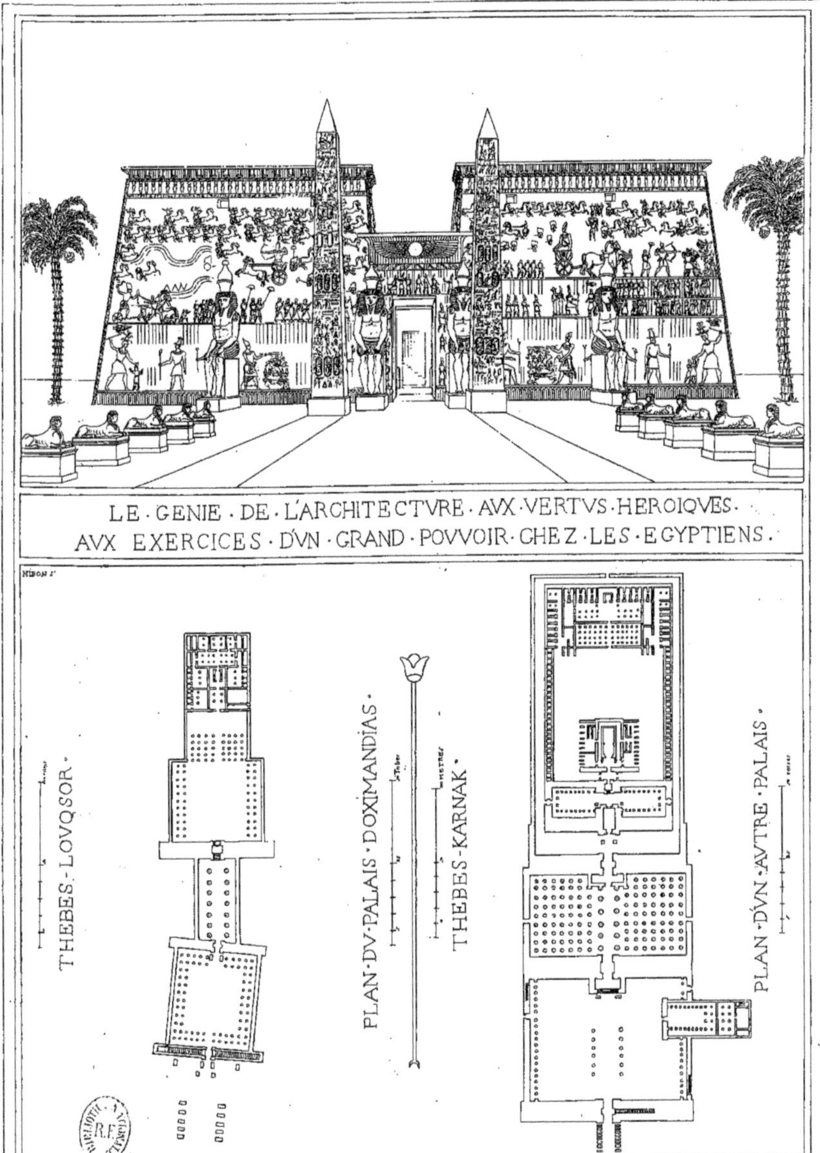
LE · GENIE · DE · L'ARCHITECTURE · AUX · VERTUS · HEROIQUES ·
AUX EXERCICES · D'UN · GRAND · POUVOIR · CHEZ · LES · EGYPTIENS ·
THEBES · LOUQSOR ·
PLAN · DU · PALAIS · D'OXIMANDIAS ·
THEBES · KARNAK ·
PLAN · D'UN · AUTRE · PALAIS ·

Pl. 7.

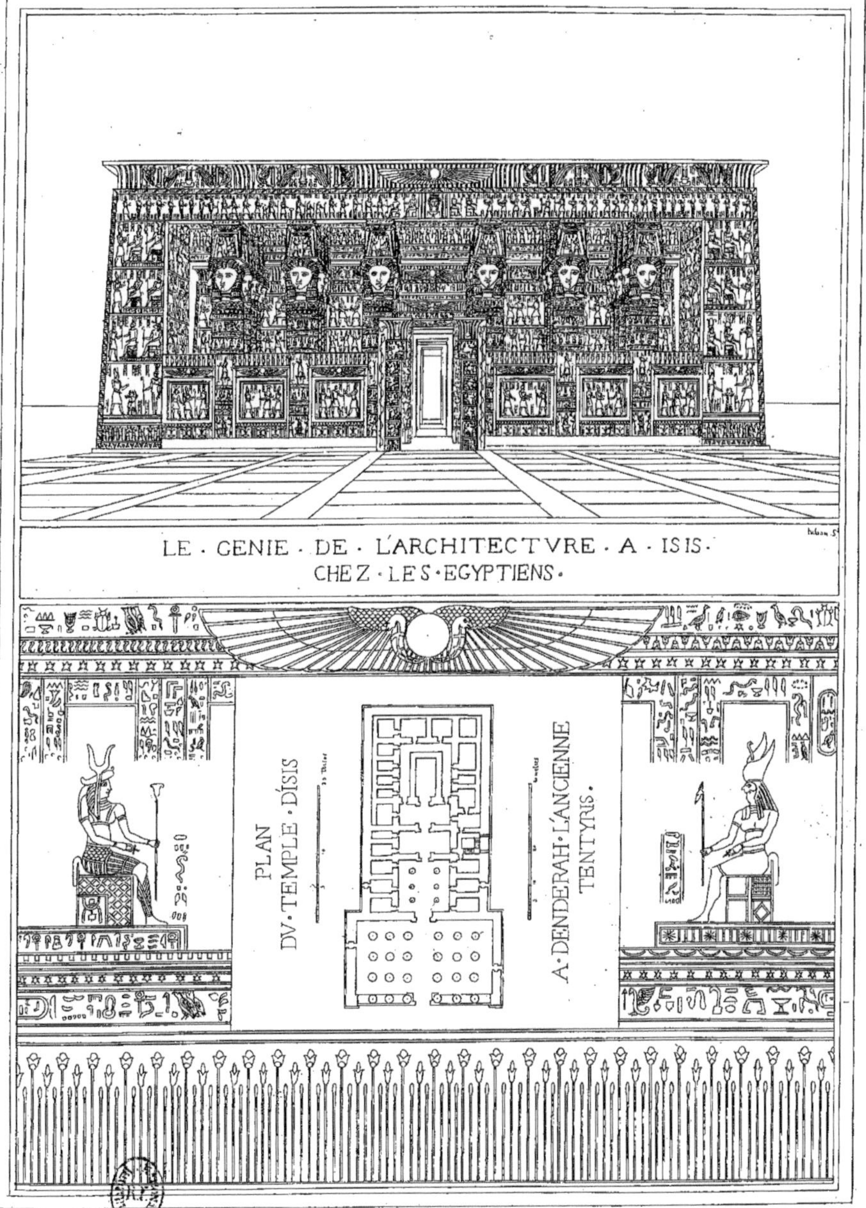
LE · GENIE · DE · L'ARCHITECTVRE · A · ISIS ·
CHEZ · LES · EGYPTIENS ·
PLAN
DV · TEMPLE · D'ISIS
A · DENDERAH · L'ANCIENNE
TENTYRIS ·

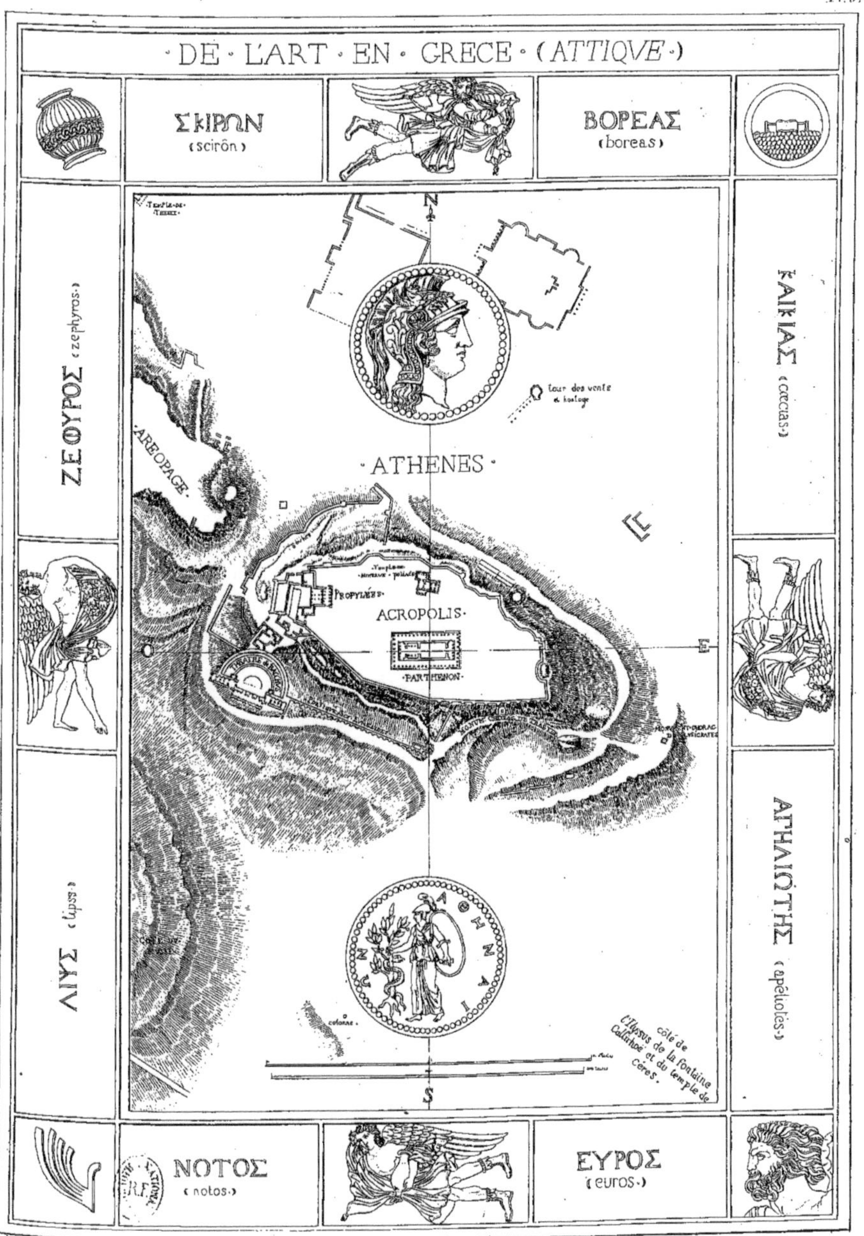
· DE · L'ART · EN · GRECE · (ATTIQVE ·)
ΣΚΙΡΩΝ
(scirôn)
BOPEAΣ
(boreas)
ΖΕΘΥΡΟΣ (zephyros·)
ΚΑΙΚΙΑΣ (cæcias·)
ΛΙΨ (lips)
ΑΠΗΛΙΩΤΗΣ (apéliotes·)
N
E
S
tour des vents et horloge
· ATHENES ·
AREOPAGE
PROPYLÉES
ACROPOLIS
PARTHENON
côte de l'Ilyssus de la fontaine Callirhoé et du temple de Cérès
ΝΟΤΟΣ
(notos·)
ΕΥΡΟΣ
(euros·)

Pl. 9.

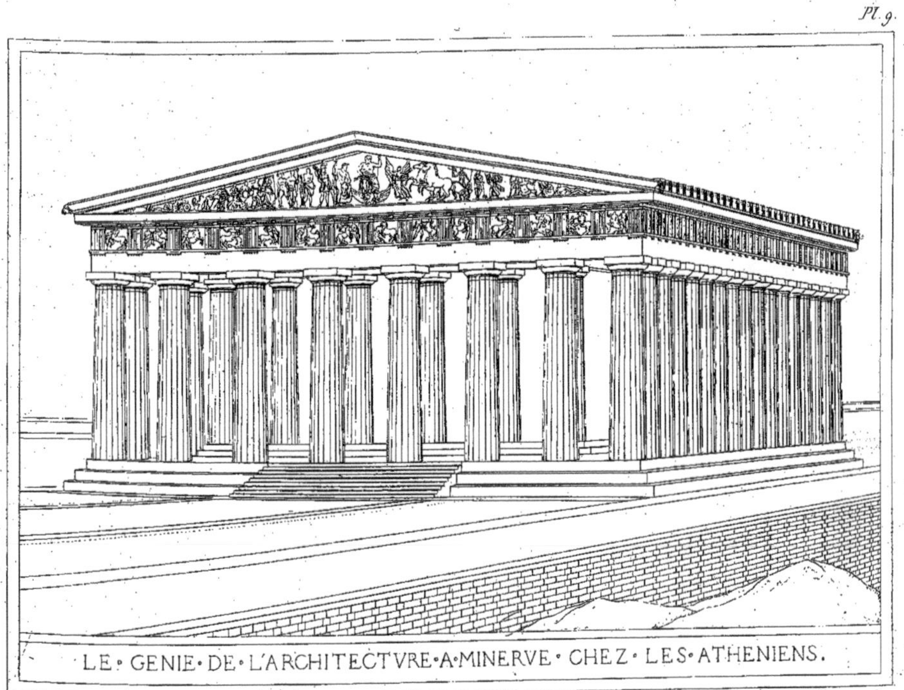

LE GENIE DE L'ARCHITECTVRE A MINERVE CHEZ LES ATHENIENS.

Clemenco Sc.

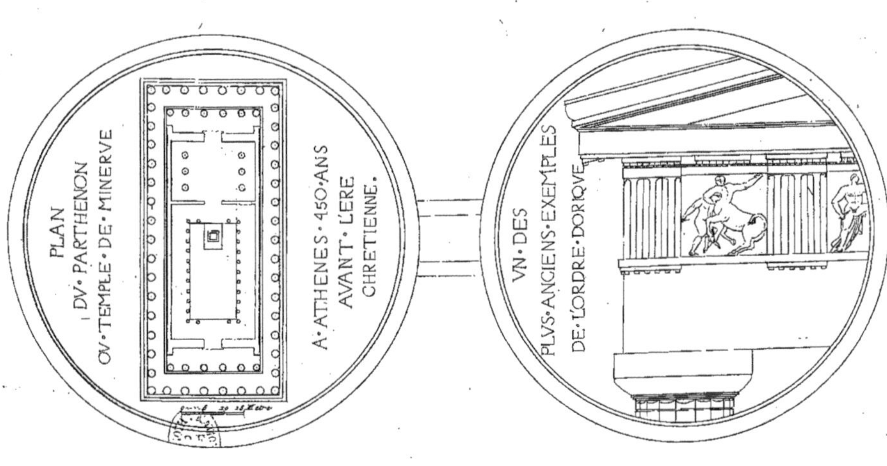

· LE · GENIE · DE · L'ARCHITECTVRE · A · CERES · CHEZ · LES · GRECS ·

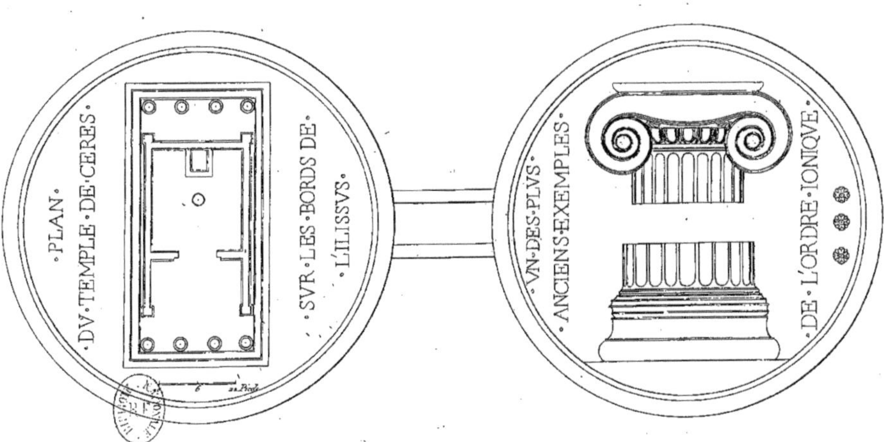

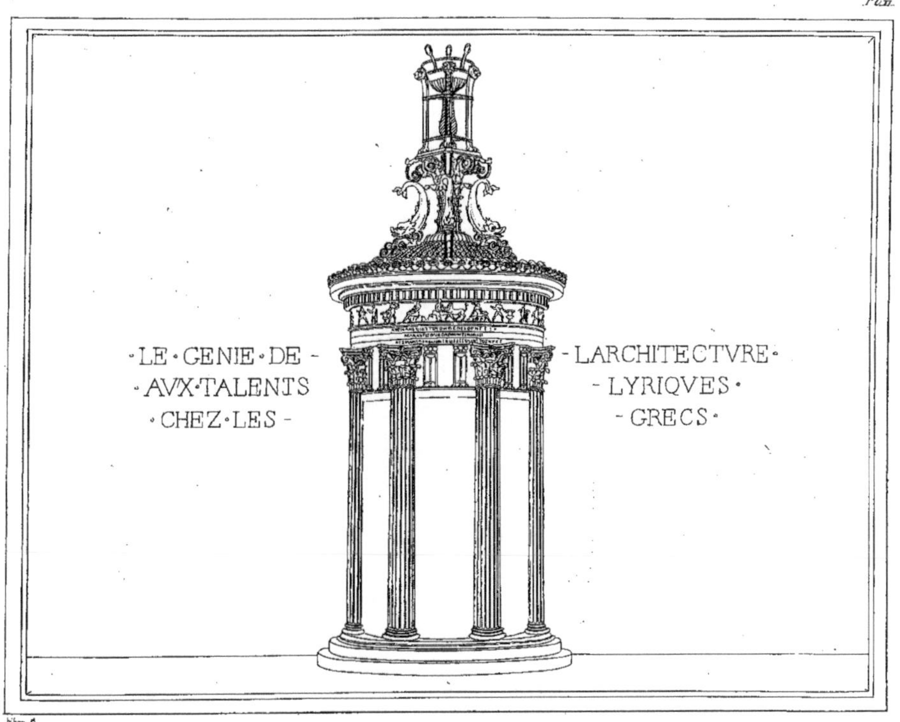
·LE·GENIE·DE·
·AVX·TALENTS
·CHEZ·LES·
·LARCHITECTVRE·
·LYRIQVES·
·GRECS·

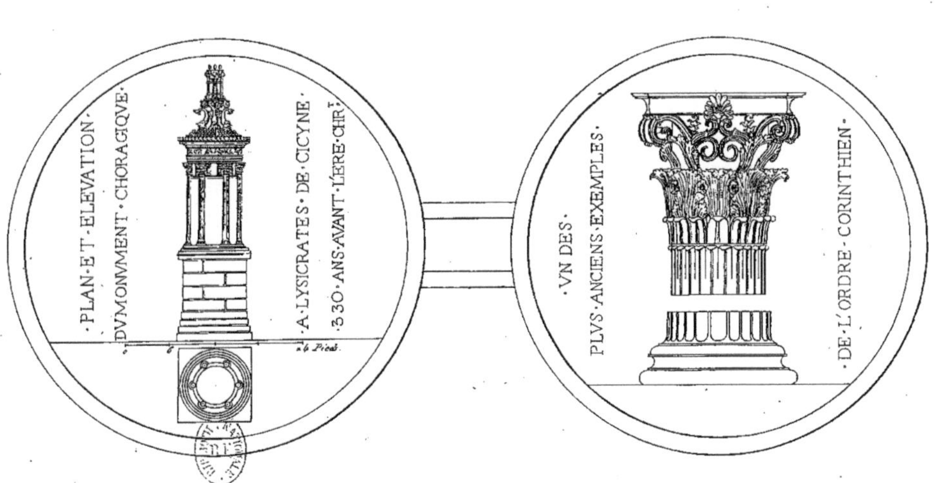
·PLAN·ET·ELEVATION·
DVMONVMENT·CHORAGIQVE·
·A·LYSICRATES·DE·CICYNE·
·330·ANS·AVANT·L'ERE·CHR.
·VN·DES·
PLVS·ANCIENS·EXEMPLES·
·DE·L'ORDRE·CORINTHIEN·

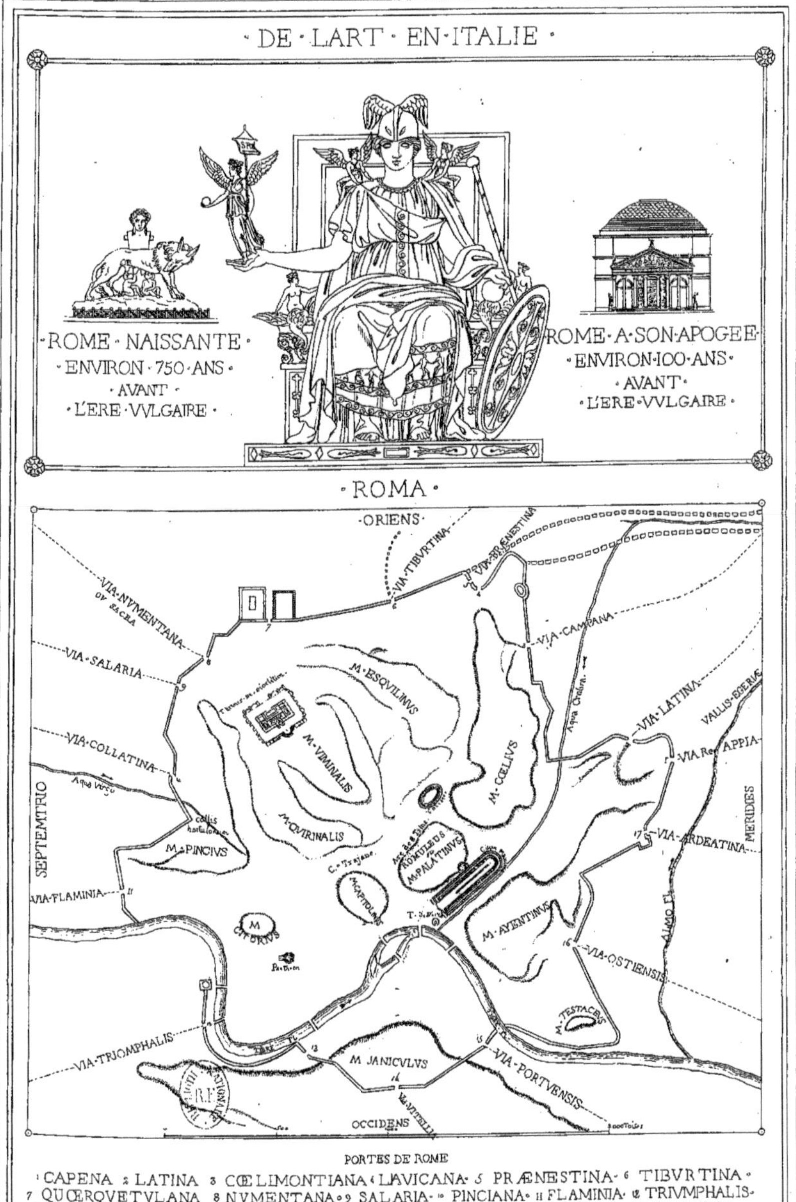

PORTES DE ROME

1 CAPENA 2 LATINA 3 CŒLIMONTIANA 4 LAVICANA 5 PRÆNESTINA 6 TIBURTINA 7 QUERQUETULANA 8 NUMENTANA 9 SALARIA 10 PINCIANA 11 FLAMINIA 12 TRIUMPHALIS 13 SEPTIMIANA 14 IANICULENSIS 15 PORTUENSIS 16 TRIGEMINA 17 ARDEATINA

Hibon. n

COLONNE · TRAIANE · VN · DES · PLVS · ANCIENS · EXEMPLES · DE · L'ORDRE · TOSCAN.

HIBON f.

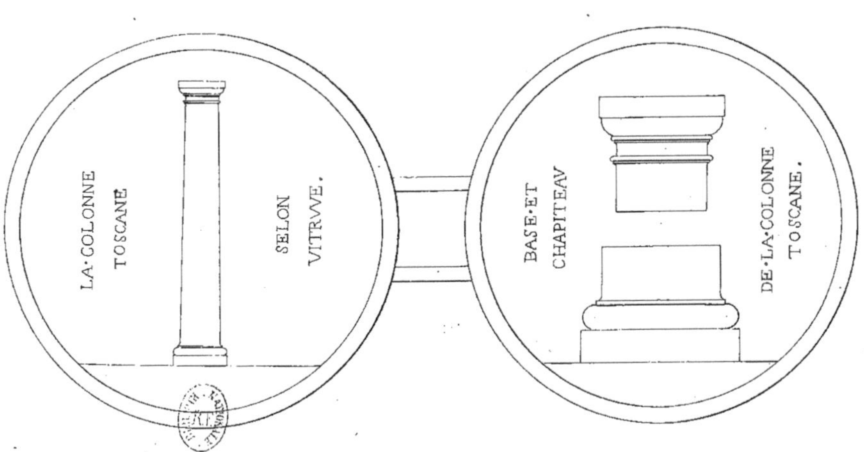

LE·GENIE·DE·L'ARCHITECTVRE·A·LA·GLOIRE·GVERRIERE·CHEZ·LES·ROMAINS.

HIBON Sc

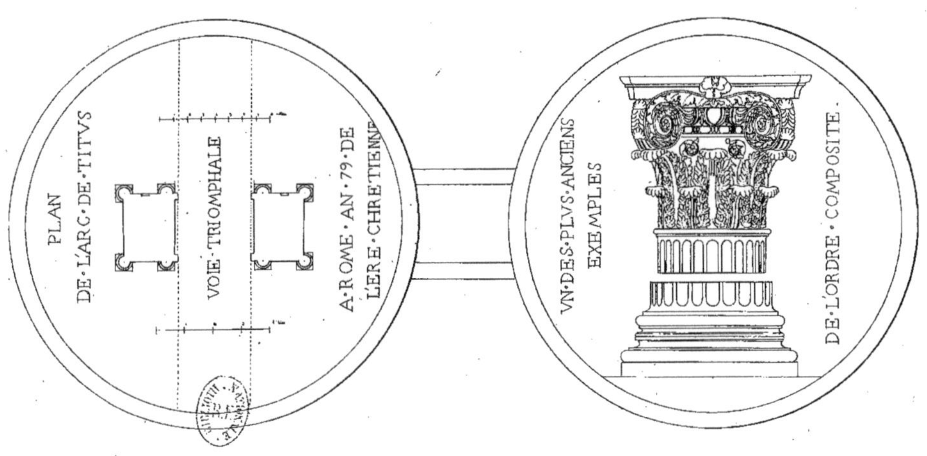

· LE · GENIE · DE · L'ARCHITECTVRE · A · LA · REVNION · DES · DIEVX · DES · ALLIES ·
· A · CEVX · DE · LA · PATRIE · CHEZ · LES · ROMAINS ·

HIBON sc.

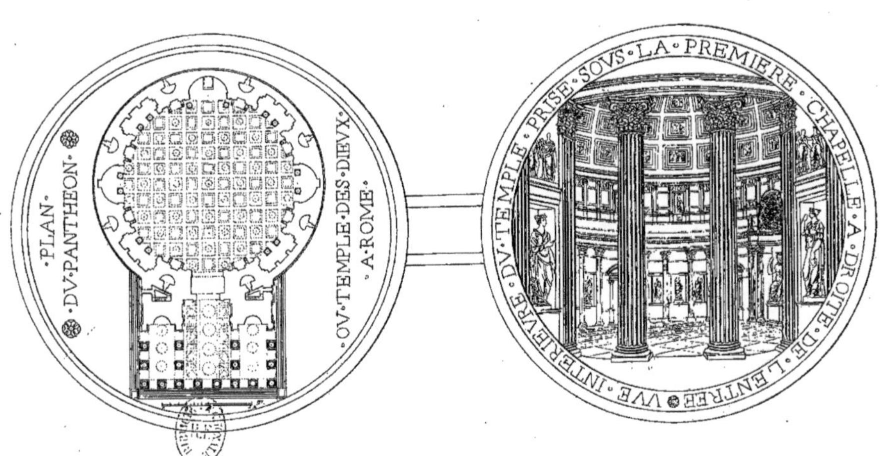

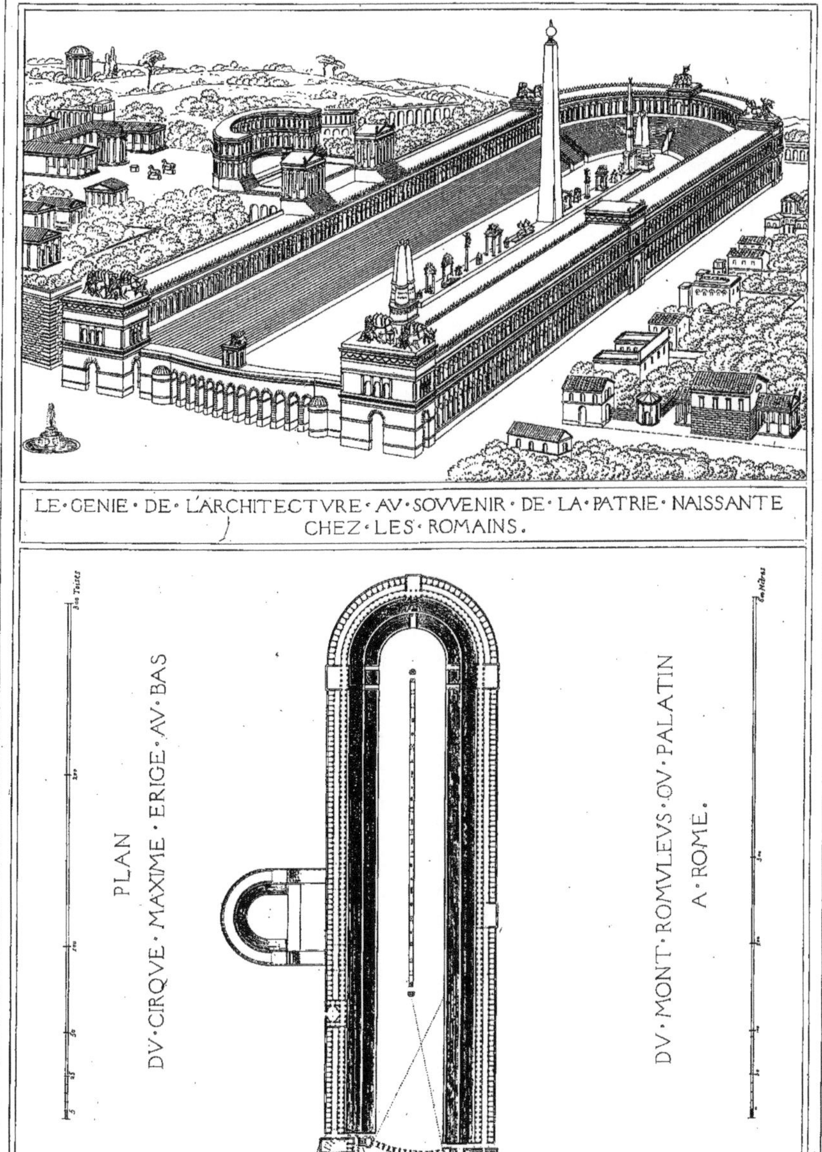
LE · GENIE · DE · L'ARCHITECTVRE · AV · SOVVENIR · DE · LA · PATRIE · NAISSANTE
CHEZ · LES · ROMAINS.
PLAN
DV · CIRQVE · MAXIME · ERIGE · AV · BAS
DV · MONT · ROMVLEVS · OV · PALATIN
A · ROME.

THIERRY. SC.

Pl. 27.

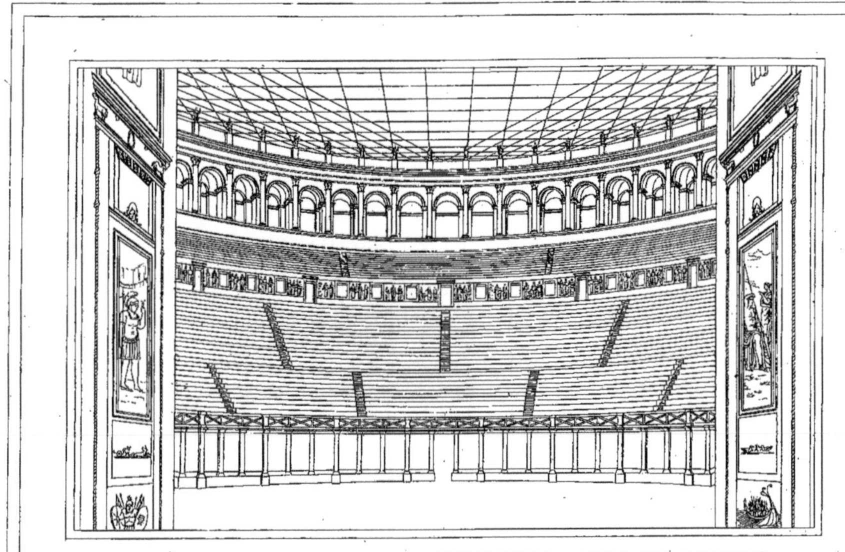

LE·GENIE·DE·L'ARCHITECTURE·AUX·PLAISIRS.
AUX·EXERCICES·GYMNIQUES·ET·NAUTIQUES·CHEZ·LES·ROMAINS.

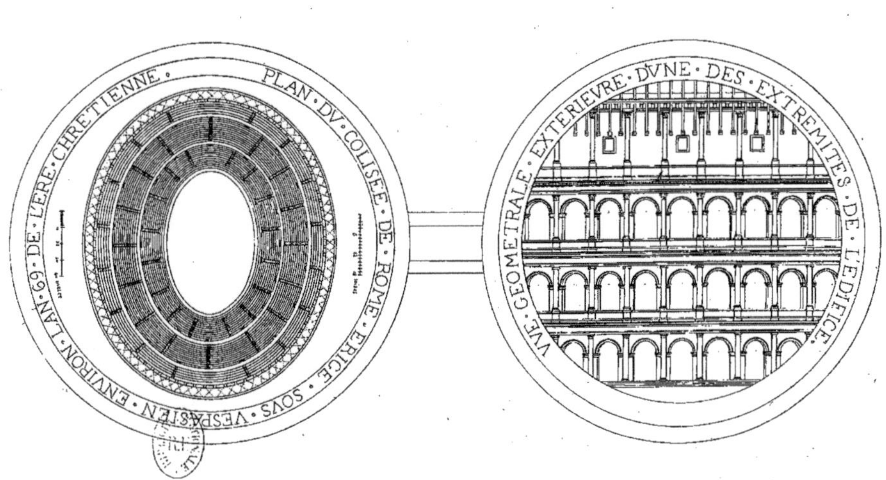

LE · GENIE · DE · L'ARCHITECTVRE · AVX · PLAISIRS · AVX · EXERCICES · PVBLICS
ET · PRIVES · MORAVX · ET · PHYSIQVES · CHEZ · LES · ROMAINS.

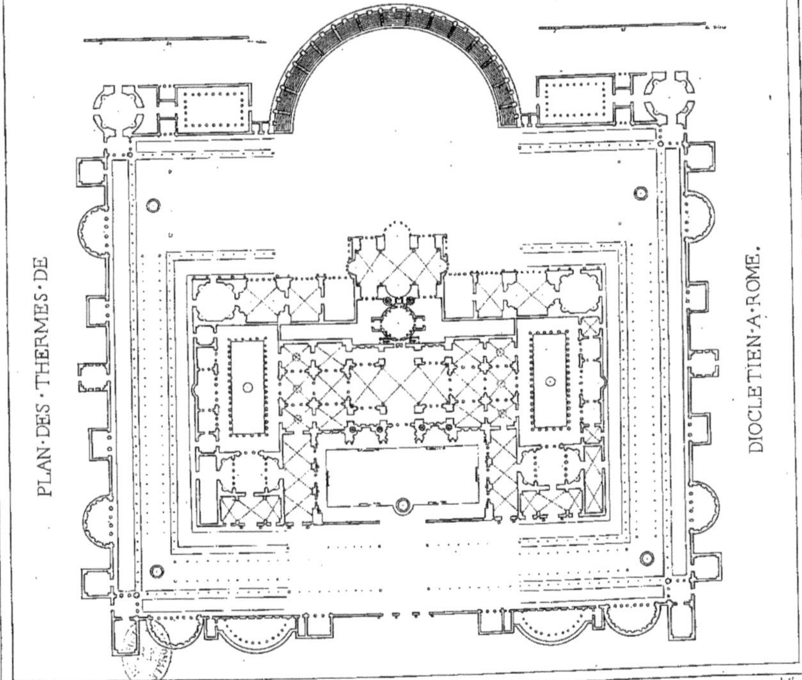

PLAN · DES · THERMES · DE DIOCLETIEN · A · ROME.

Hibon. sc.

LE · GENIE · DE · L'ARCHITECTVRE · A · L'VTILITE · PVBLIQVE
PHYSIQVE · ET · MORALE · A · POMPEIA · COLONIE · GRCQVE · EN · ITALIE.

PLANS · DE · LA · PORTE · D'ENTREE · DE · POMPEIA
SVR · LA · VOIE · VENANT · D'HERCVLANVM · DE

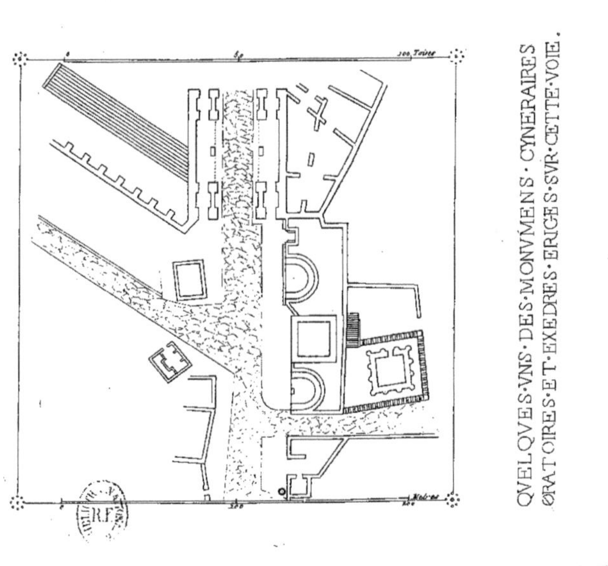

QVELQVES · VNS · DES · MONVMENS · CYNERAIRES
ØRATOIRES · ET · EXEDRES · ERIGES · SVR · CETTE · VOIE.

HIBON sc.

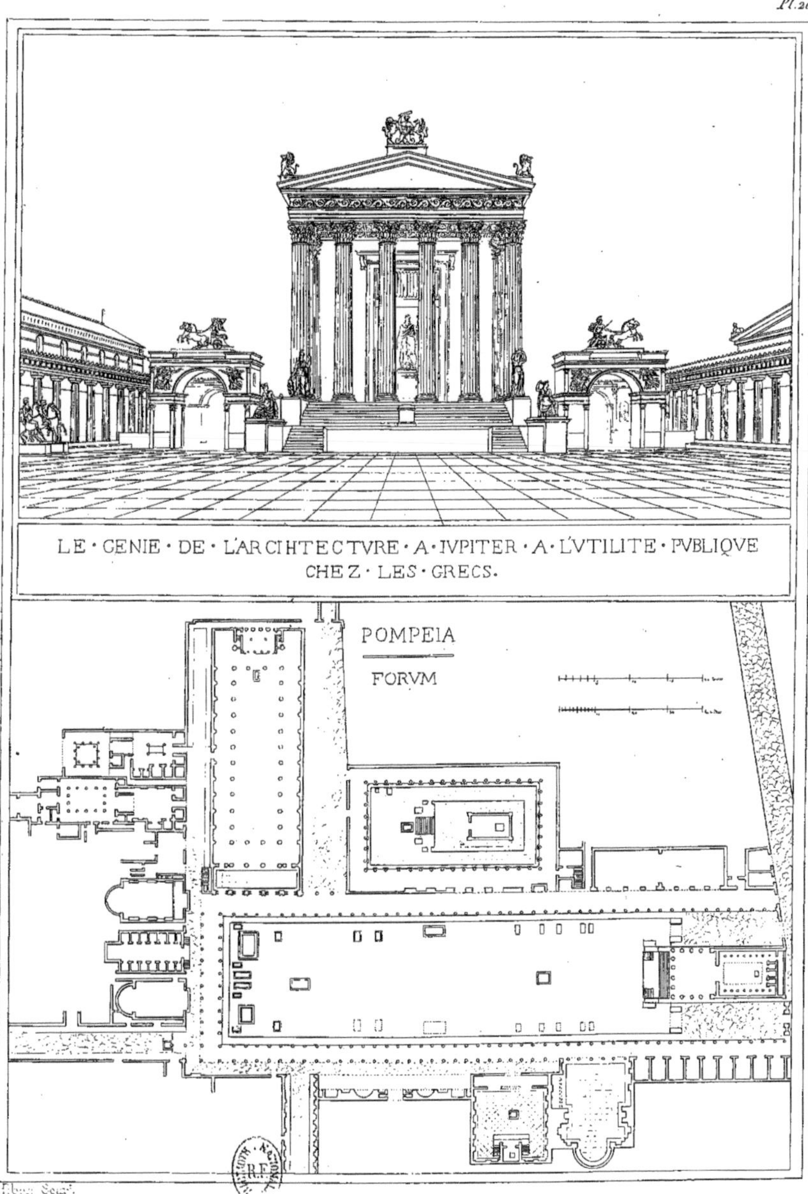
LE · GENIE · DE · L'ARCIHTECTVRE · A · IVPITER · A · L'VTILITE · PVBLIQVE
CHEZ · LES · GRECS.
POMPEIA
FORVM

LE· GENIE· DE· L'ARCHITECTVRE· AVX· PLAISIRS· PVBLICS· A· L'INSTRVCTION
CHEZ· LES· GRECS.
ECHELLE DE 20 METRES
ECHELLE DE 10 TOISES
POMPEIA.
PLANS, DV-
DES SOLDATS OV-
EXEDRES DV-
DE L'ODEON,-
D'VNE TRIBVNE A-
A ESCVLAPE,-
MAISONS-
ACCESSOIRES.
-QVARTIER
-PROMENOIRS ET
-G.D THEATRE,
-DE L'ECOLE,
-ISIS, D'VN TEMPLE
-DE QVELQVES.
-ET AVTRES

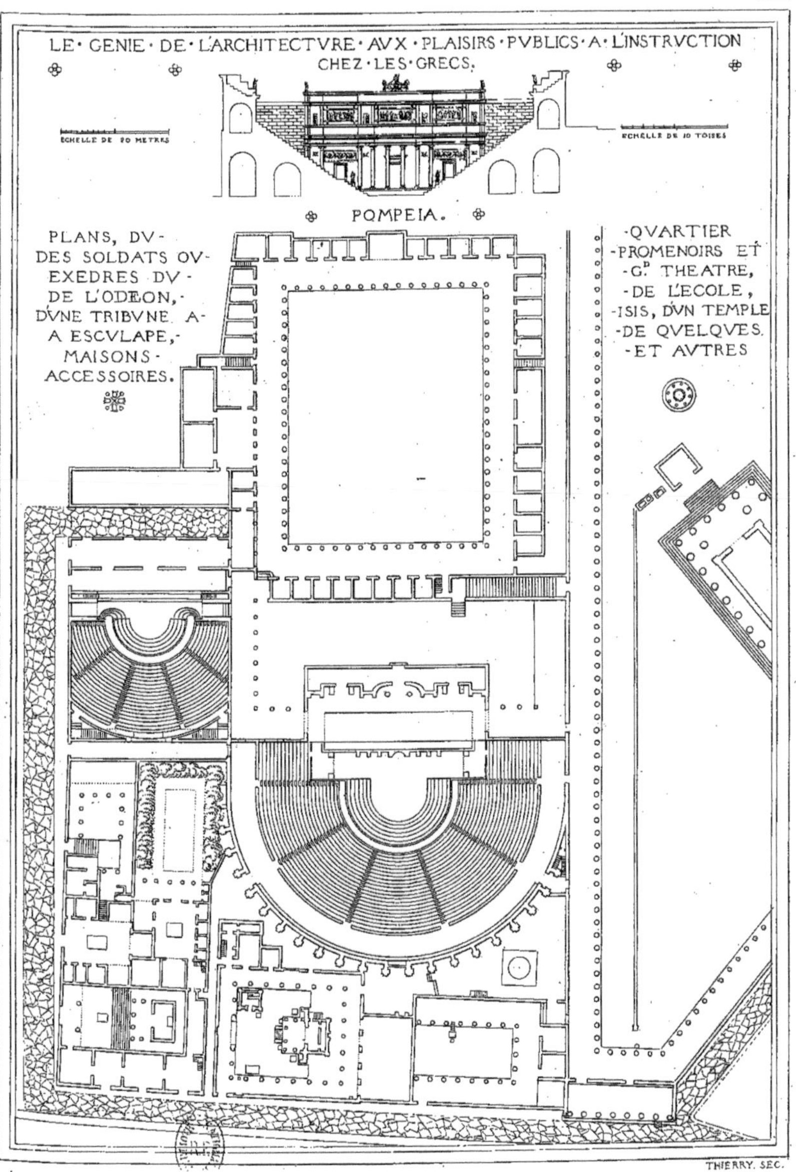

THIERRY. SEC.

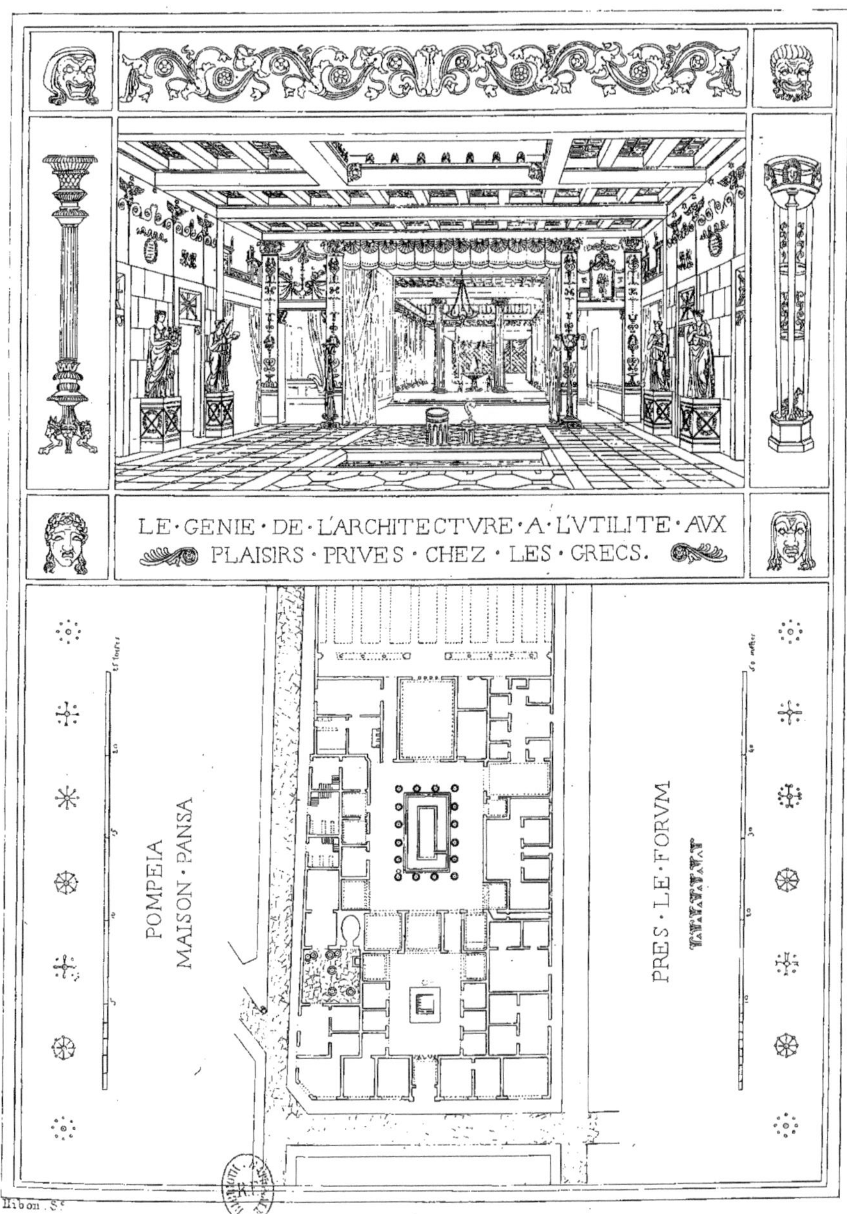
LE · GENIE · DE · L'ARCHITECTVRE · A · L'VTILITE · AVX
PLAISIRS · PRIVES · CHEZ · LES · GRECS.
POMPEIA
MAISON · PANSA
PRES · LE · FORVM

Hibon. Sc.

Olivier. Scul

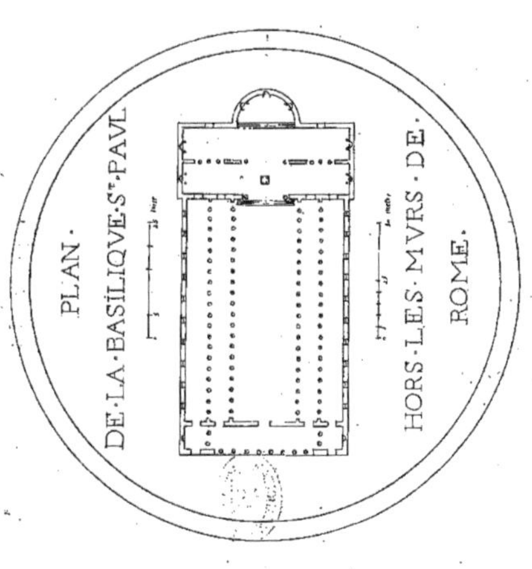

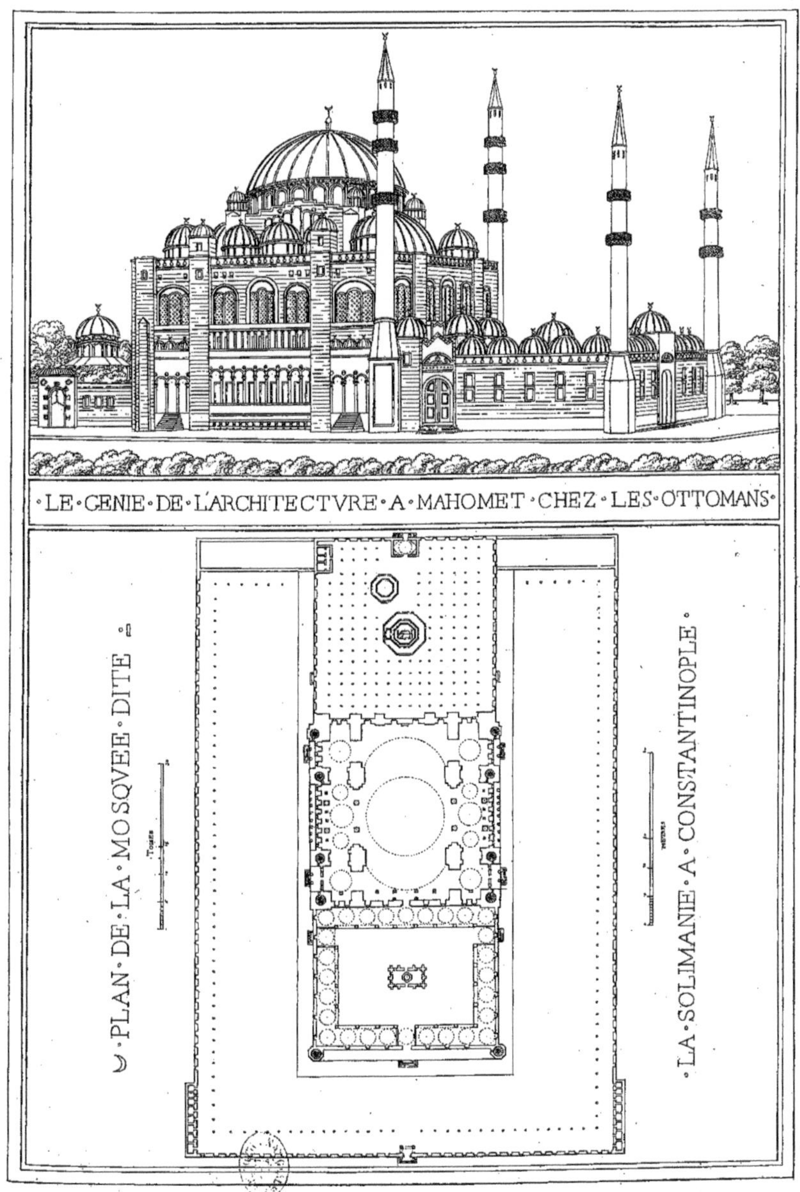
·LE·GENIE·DE·L'ARCHITECTVRE·A·MAHOMET·CHEZ·LES·OTTOMANS·
·PLAN·DE·LA·MOSQVEE·DITE·
·LA·SOLIMANIE·A·CONSTANTINOPLE·

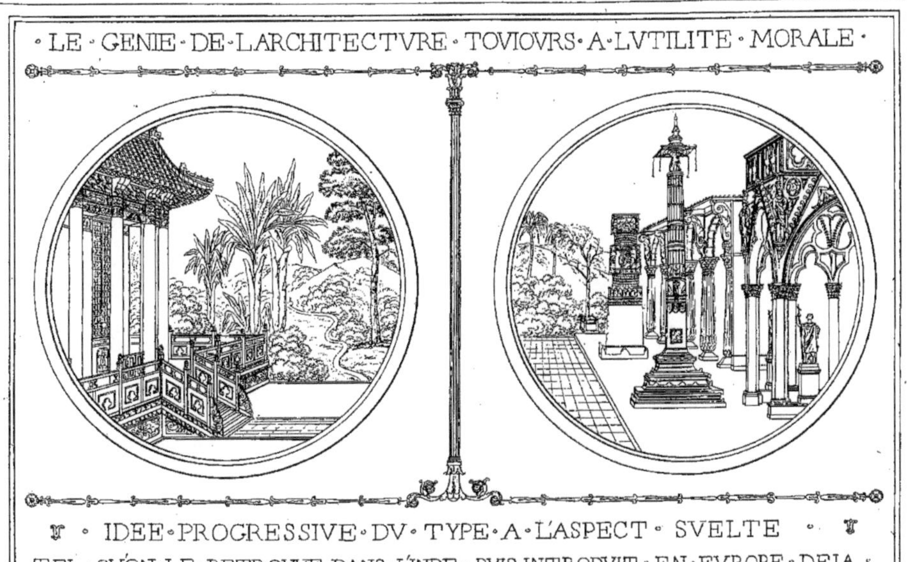
• LE • GENIE • DE • LARCHITECTVRE • TOVIOVRS • A • LVTILITE • MORALE •
IDEE • PROGRESSIVE • DV • TYPE • A • L'ASPECT • SVELTE
TEL • QV'ON • LE • RETROVVE • DANS • L'INDE • PVIS • INTRODVIT • EN • EVROPE • DEIA •
DANS • LES • PEINTVRES • D'HERCVLANVM • ET • DE • POMPEIA • ET • ENFIN •
GENERALEMENT • DANS • TOVS • LES • MONVMENTS • DV • MOYEN • AGE •

hibon S.t

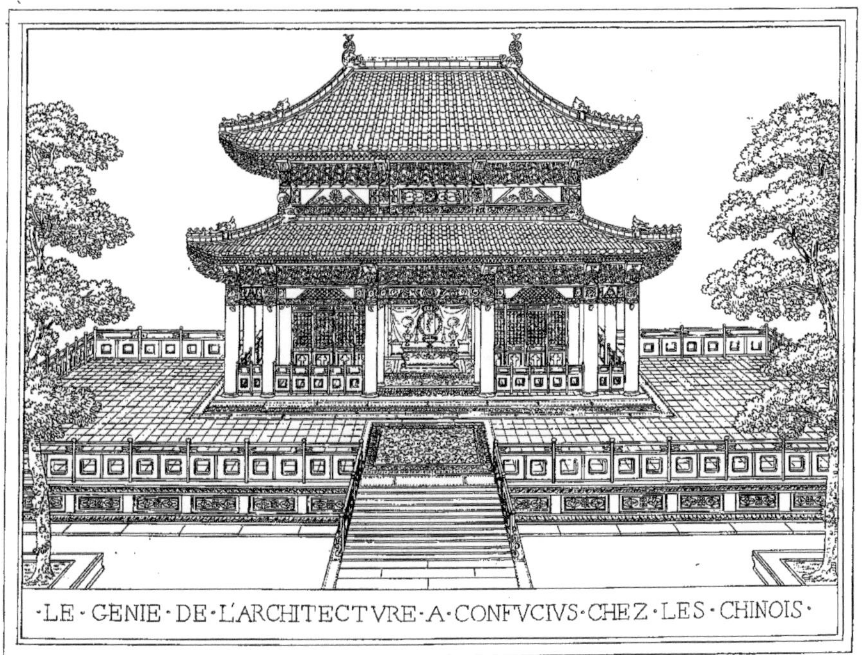

·LE · GENIE · DE · L'ARCHITECTVRE · A · CONFVCIVS · CHEZ · LES · CHINOIS ·

HIBON Sc.

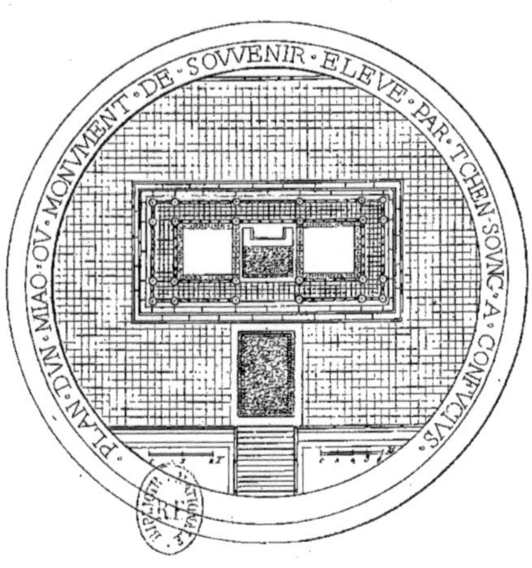

· PLAN · D'VN · MIAO · OV · MONVMENT · DE · SOVVENIR · ELEVE · PAR · TCHEN · SOVNG · A · CONFVCIVS ·

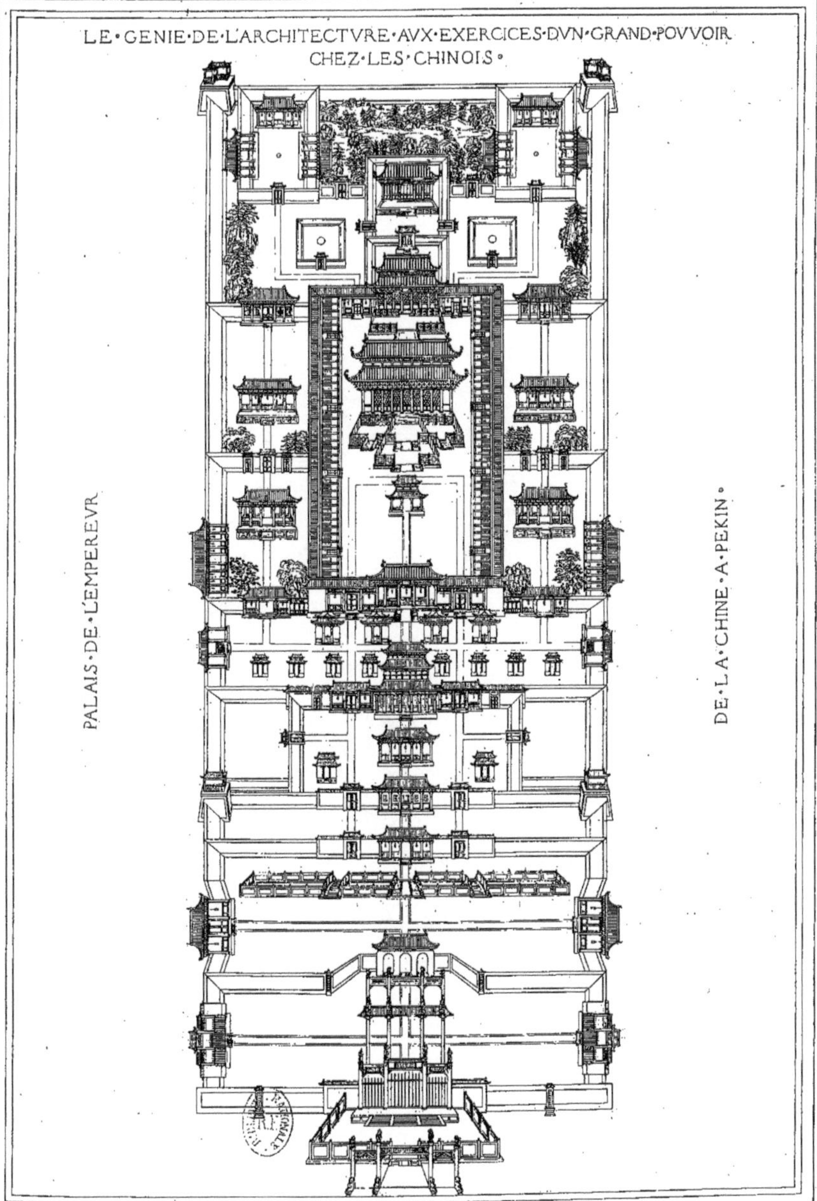
LE·GENIE·DE·L'ARCHITECTVRE·AVX·EXERCICES·DVN·GRAND·POVVOIR
CHEZ·LES·CHINOIS·
PALAIS·DE·L'EMPEREVR
DE·L·A·CHINE·A·PEKIN·

Clémence. Sc.

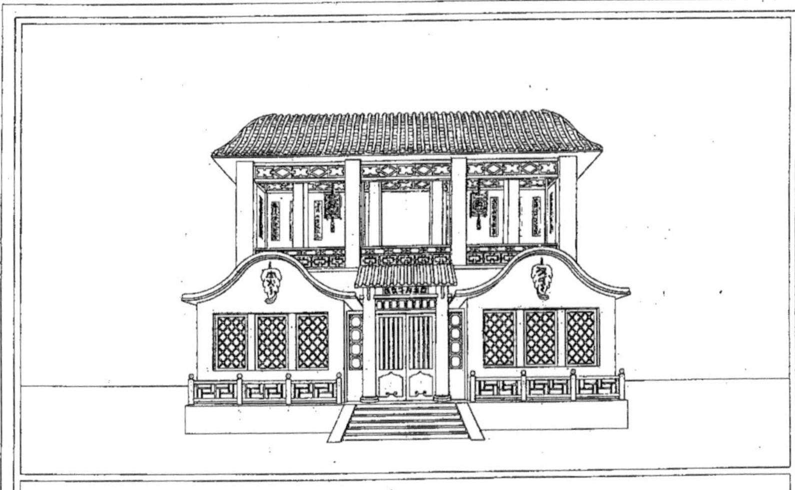

LE·GENIE·DE·L'ARCHITECTVRE·A·L'VTILITE·AVX·PLAISIRS·PRIVES
CHEZ·LES·CHINOIS.

MAISON·CHINOISE·A·CANTON·

PLAN·DV·REZ·DE·CHAVSSEE.

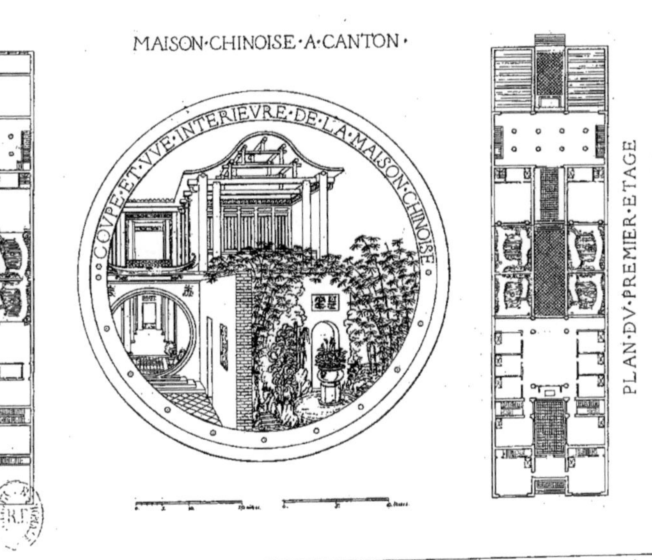

PLAN·DV·PREMIER·ETAGE

Clemenco Sc.

LE · GENIE · DE · L'ARCHITECTVRE · A · SIVA · LA · NATVRE
CHEZ · LES · INDOVS.

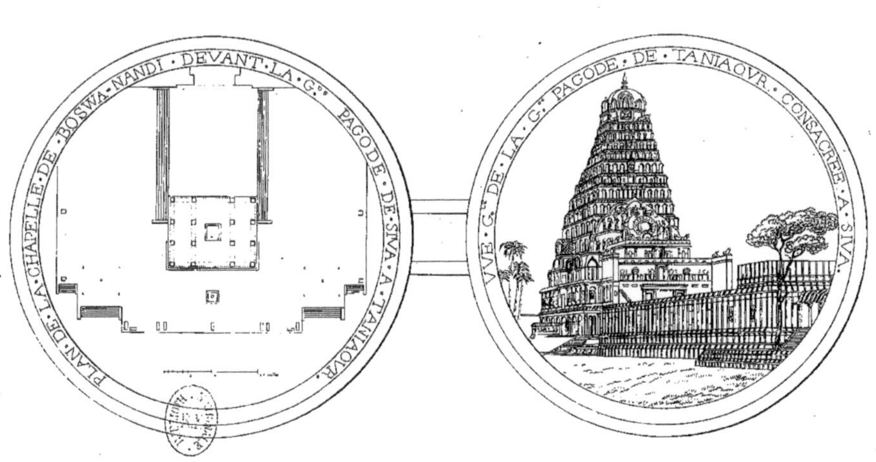

LE · GENIE · DE · L'ARCHITECTVRE · A · WICHNOV · A · SIVA · LA · NATVRE .
CHEZ · LES · INDOVS ·
PILASTRES
QVI·ORNENT·LA·PORTE·DV·NERTA·CHABEI
PLAN DE LA
GRANDE
PAGODE
DE CHALEMBROM
OV·CHAPELLE·DE·LA·IOIE·ET·DE·L'ETERNITÉ
A·CHALEMBROM.

Lubon sc.

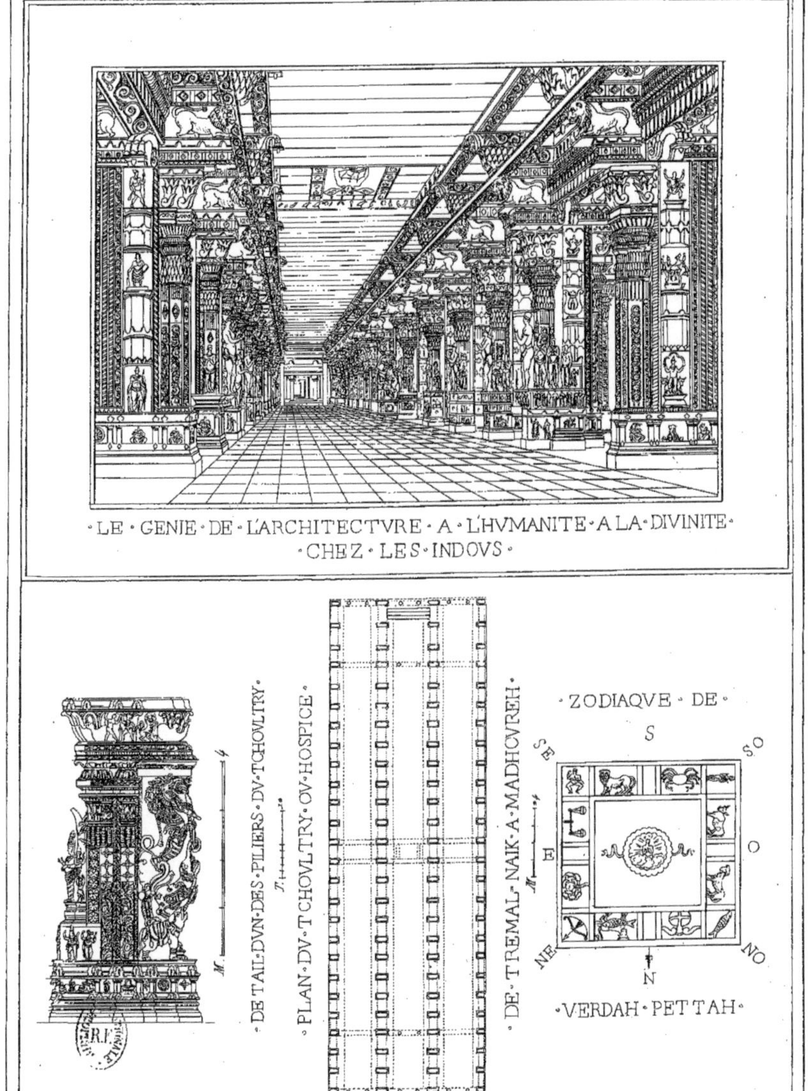
· LE · GENIE · DE · L'ARCHITECTVRE · A · L'HVMANITE · A LA · DIVINITE ·
· CHEZ · LES · INDOVS ·
· DE TAIL · D'VN · DES · PILIERS · DV · TCHOVLTRY ·
· PLAN · DV · TCHOVLTRY · OV · HOSPICE ·
· DE · TREMAL · NAIK · A · MADHOVREH ·
· ZODIAQVE · DE ·
S
SE
SO
E
O
NE
NO
N
· VERDAH · PETTAH ·
HIBON Sc.

LE · GENIE · DE · L'ARCHITECTURE · A · L'UTILITE · PUBLIQUE · AU · PLAISIR PRIVE · CHEZ · LES · MAURES ·.

THIERRY. SEC.

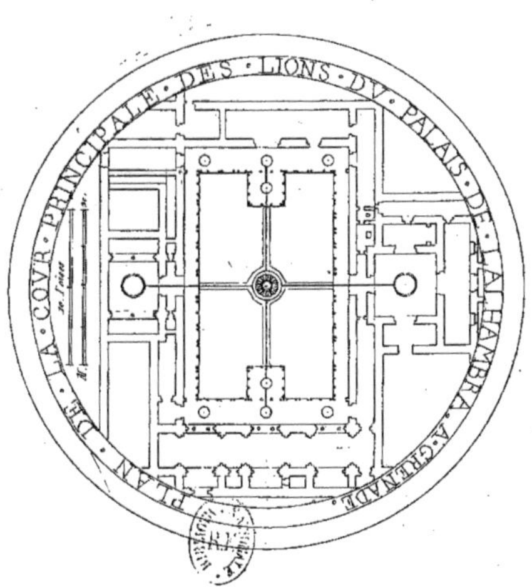

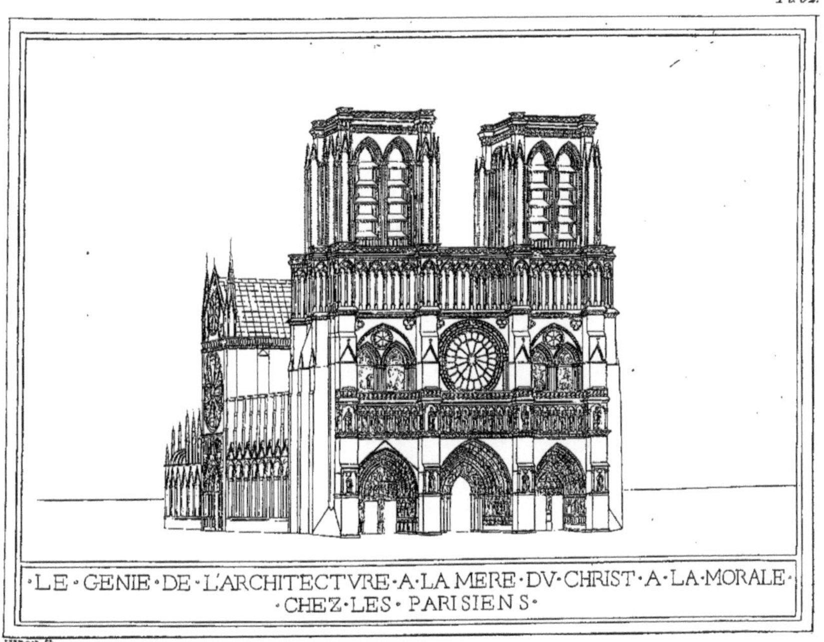

·LE·GENIE·DE·L'ARCHITECTVRE·A·LA MERE·DV·CHRIST·A·LA·MORALE·
·CHEZ·LES·PARISIENS·

HIBON f.

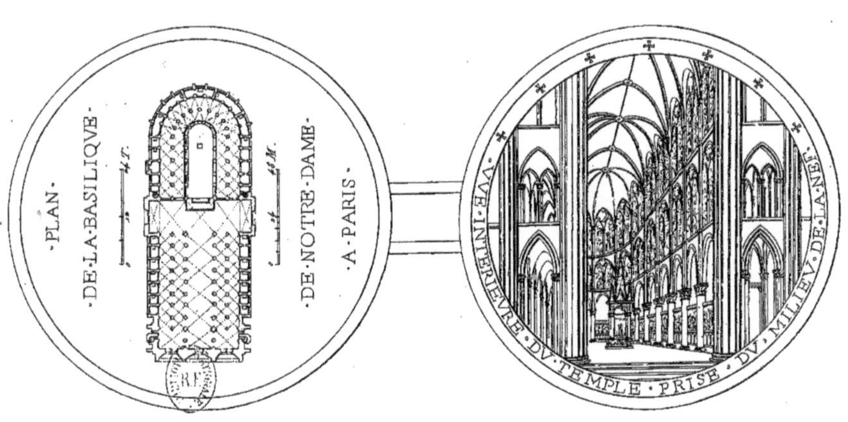

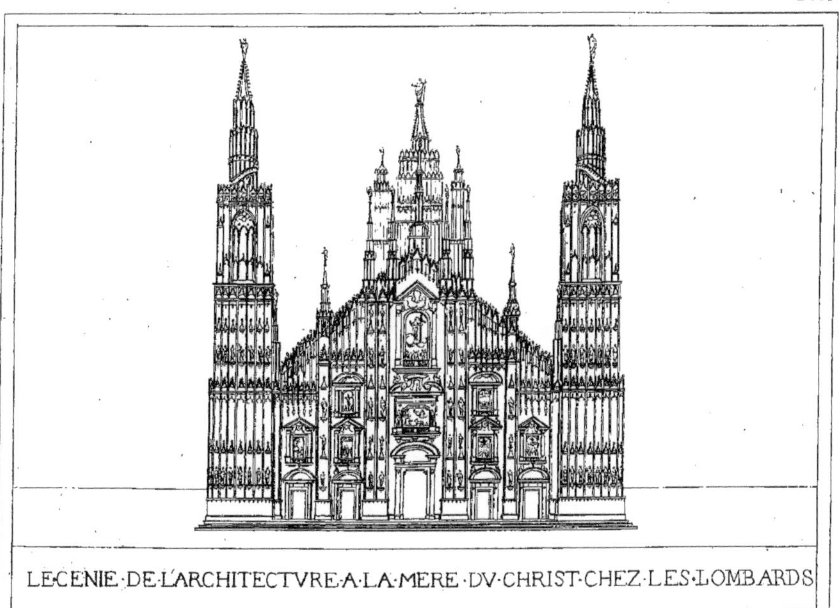

LE·GENIE·DE·L'ARCHITECTVRE·A·LA·MERE·DV·CHRIST·CHEZ·LES·LOMBARDS

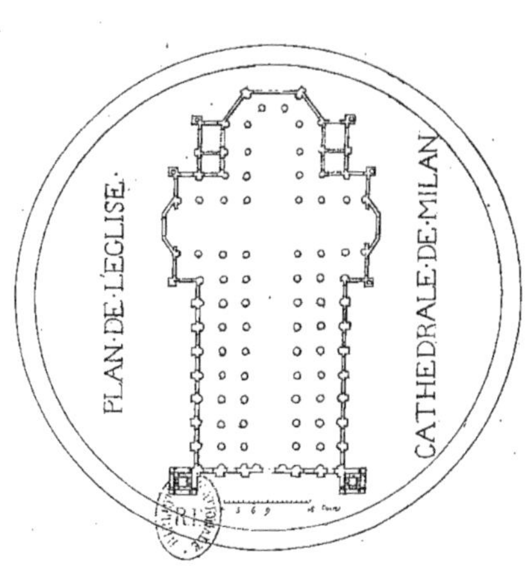

·LE·GENIE·DE·L'ARCHITECTVRE·AVX·MANES·DE·HEROS·CHRETIENS CHEZ·LES·PISANS·

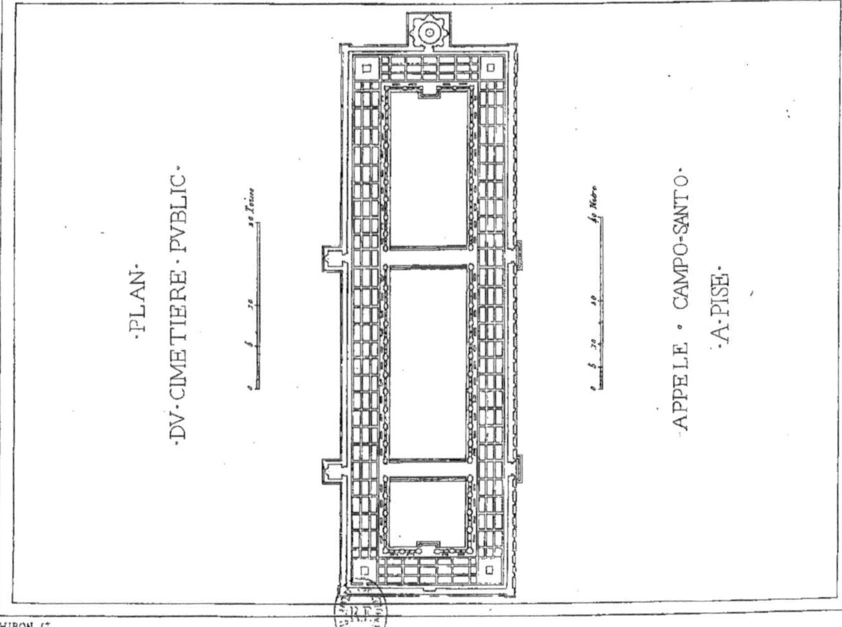

HIBON sc.

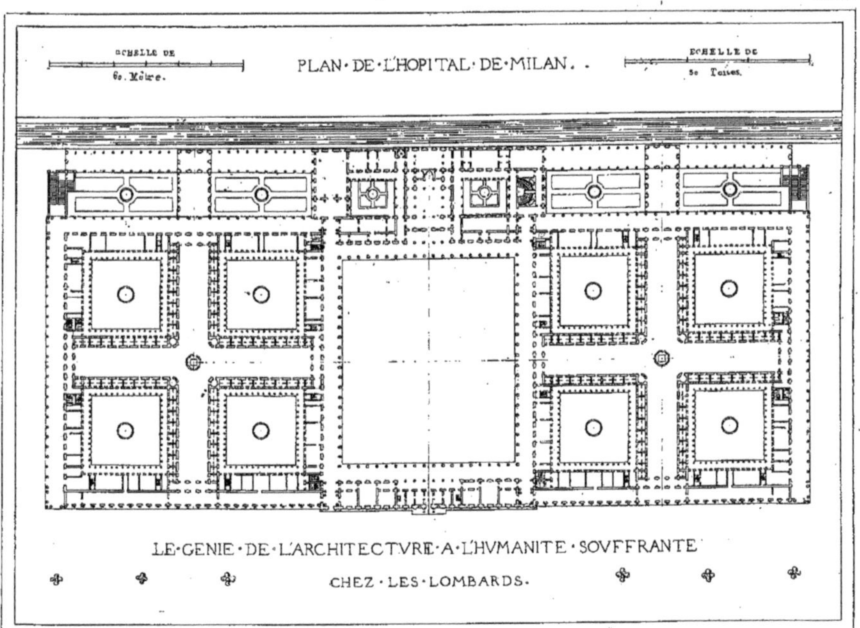
ECHELLE DE
60. Mètre.
PLAN · DE · L'HOPITAL · DE · MILAN.
ECHELLE DE
30 Toises.
LE · GENIE · DE · L'ARCHITECTVRE · A · L'HVMANITE · SOVFFRANTE
CHEZ · LES · LOMBARDS.

THIERRY, SC.

VVE · EXTERIEVRE · DE · L'ENTREE · DE · L'HOPITAL.
VVE · INTERIEVRE · DE · LA · GRANDE · COVR · DE · L'HOPITAL · DE · MILAN · PRISE · SOVS · LE · PORTIQVE · DE · L'ENTREE.

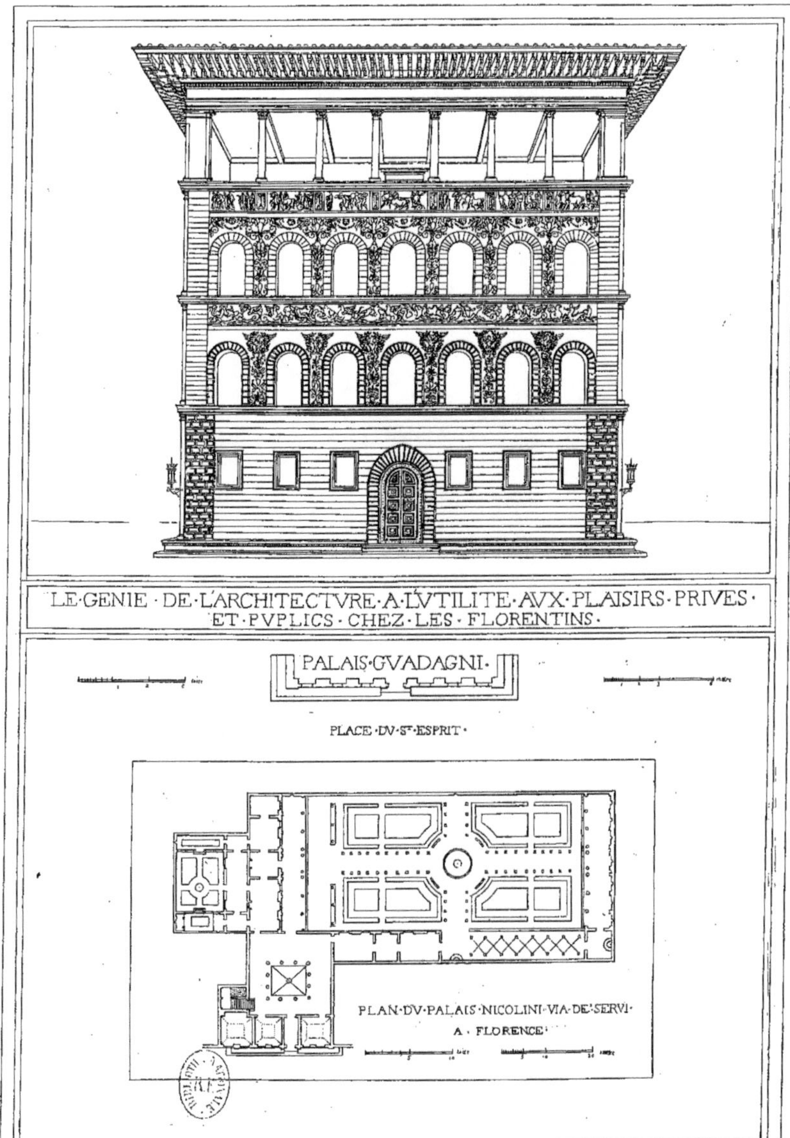
LE·GENIE·DE·L'ARCHITECTVRE·A·L'VTILITE·AVX·PLAISIRS·PRIVES·
ET·PVPLICS·CHEZ·LES·FLORENTINS·
PALAIS·GVADAGNI·
PLACE·DV·St·ESPRIT·
PLAN·DV·PALAIS·NICOLINI·VIA·DE·SERVI·
A·FLORENCE·

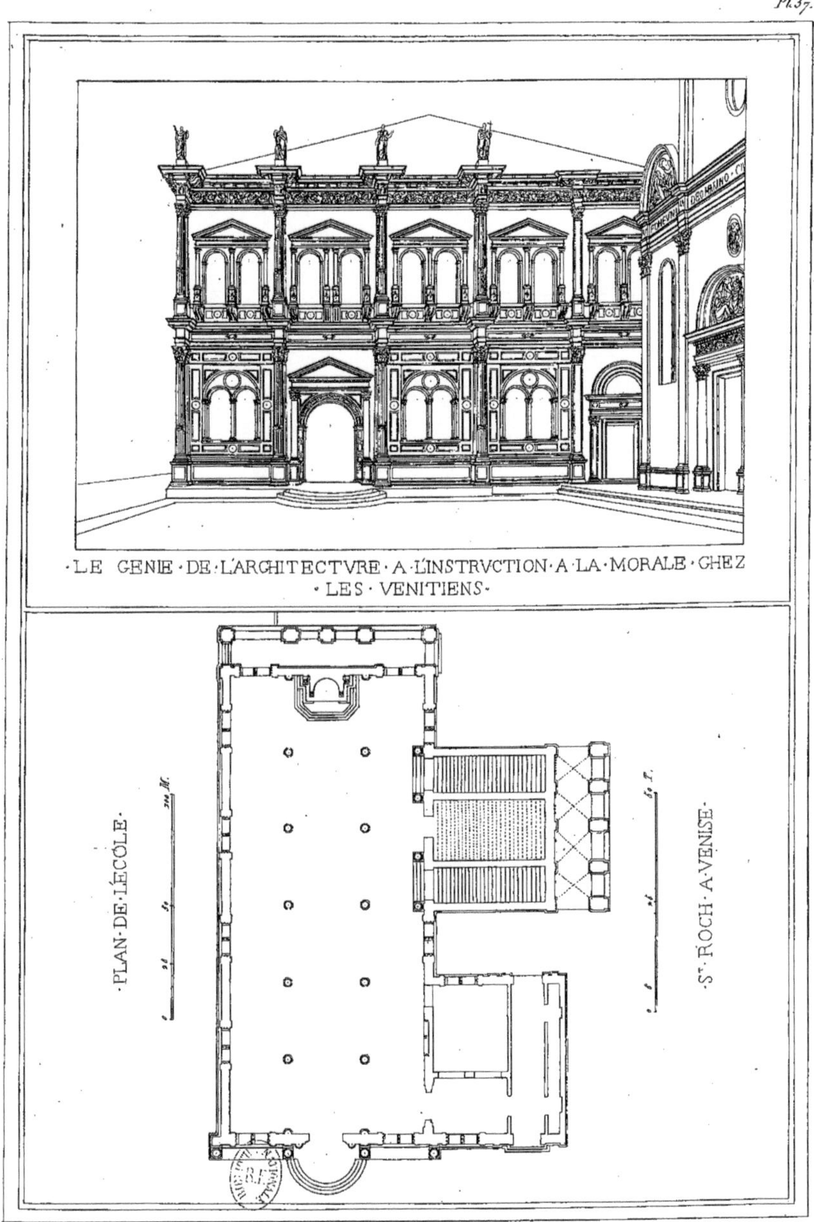

·LE GENIE·DE·L'ARCHITECTVRE·A·L'INSTRVCTION·A·LA·MORALE·CHEZ ·LES·VENITIENS·

Hibon. Sc.

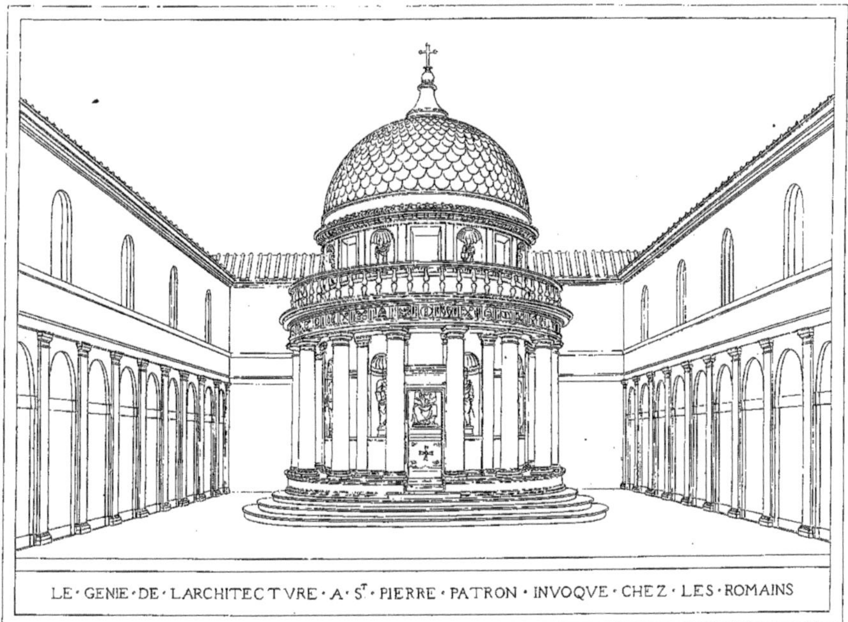
LE · GENIE · DE · LARCHITECTVRE · A · S^T · PIERRE · PATRON · INVOQVE · CHEZ · LES · ROMAINS
THIERRY. SEC.

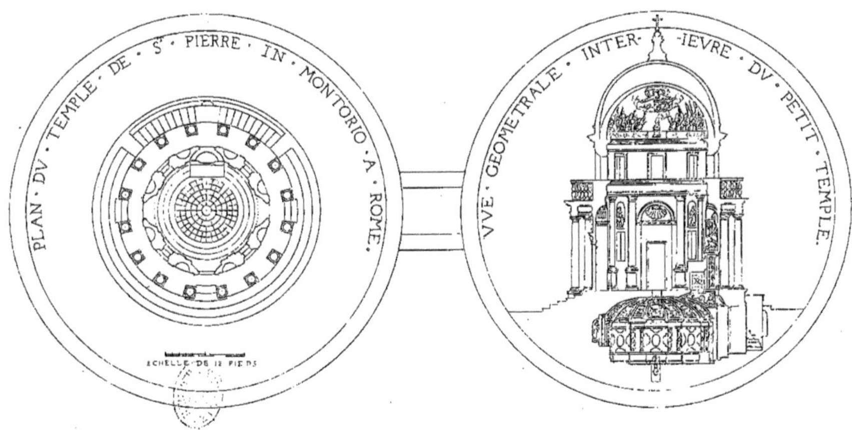
PLAN · DV · TEMPLE · DE · S^T · PIERRE · IN · MONTORIO · A · ROME.
ECHELLE DE 12 PIEDS
VVE · GEOMETRALE · INTER- -IEVRE · DV · PETIT · TEMPLE.

·LE·GENIE·DE·L'ARCHITECTVRE·A·LVTILITE·AVX·PLAISIRS·PHYSIQVES·
·A·L'INSTRVCTION·CHEZ·LES·ROMAINS·

HIBON sc.

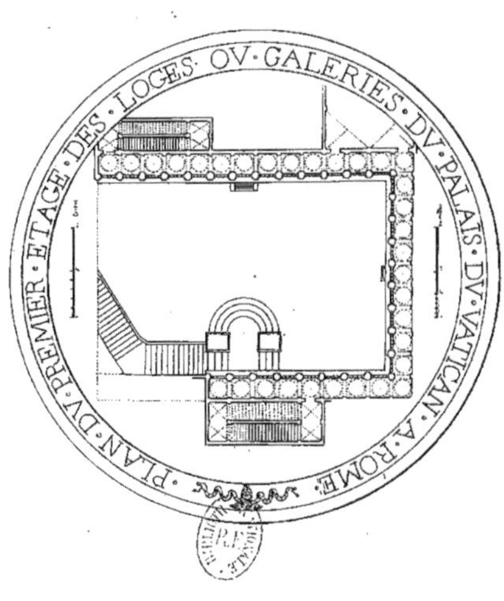

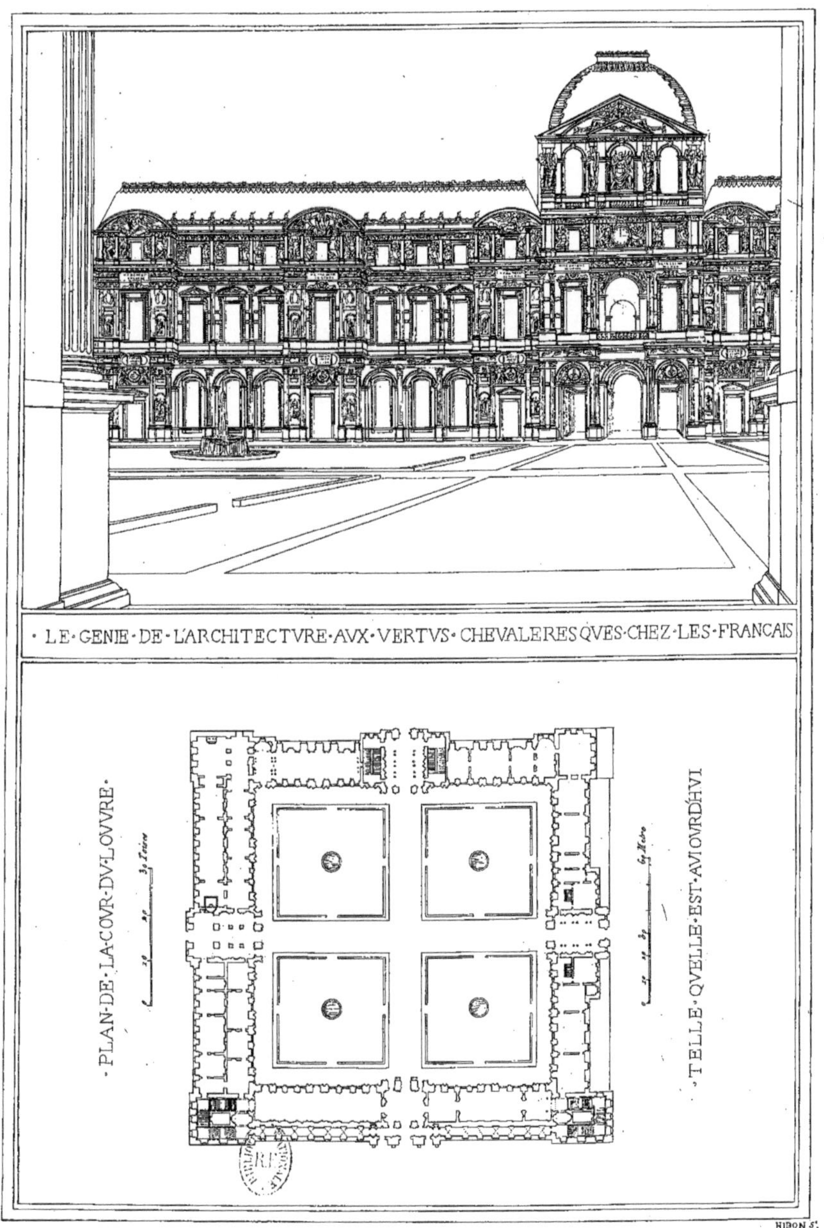

· LE · GENIE · DE · L'ARCHITECTVRE · AVX · VERTVS · CHEVALERESQVES · CHEZ · LES · FRANCAIS

HIDON S^t.

LE·SYSTEME·DES·CINQ·ESPECES·DORDONNANCES·PAR·VIGNOLE.
ORDRES
TOSCAN
COLONNE VII DIAMETRES
DORIQUE
COLONNE VIII DIAMETRES
IONIQUE
COLONNE IX DIAMETRES
CORINTHIEN
COLONNE X DIAMETRES
COMPOSITE OU ROMAIN
LA COLONNE X DIAMETRES
DE LA COLONNE
DE LA COLONNE
ENTABLEMENT
COLONNE
PIEDESTAL
LE·GENIE·DE·L'ARCHITECTURE·AUX·PRINCIPES·D'HARMONIE·A·LA·PROGRESSION
DES·CARACTERES.

Clemence Sc.

LES·AUTRES
SYSTEMES·SONT·DE
PALLADIO·DE·VICENCE
LABACO·DE·FLORENCE
SCAMOZZI·DE·VICENCE
SERLIO·DE·BOLOGNE
PHILIBERT·DE·LORME
DEBROSSE·DE·FRANCE
&c &c &c...

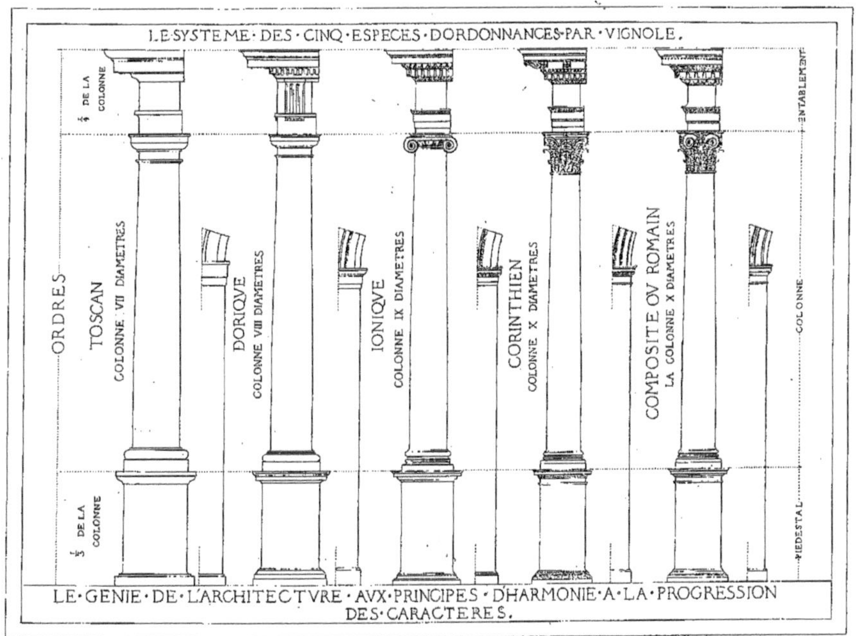

LE·GENIE·DE·L'ARCHITECTVRE·A·S^T·PIERRE·CHEF·DE·L'EGLISE·CATHOLIQVE·
CHEZ·LES·ROMAINS·

Olivier·Sculp

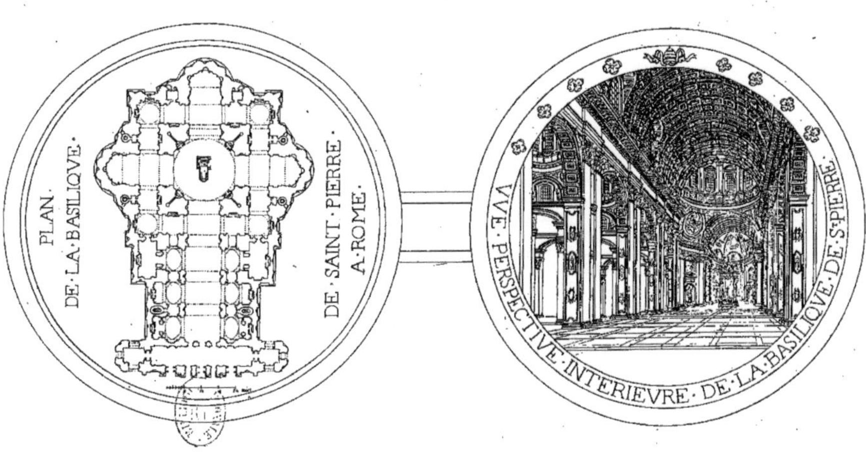

INSTITVT
DE
FRANCE
LE GENIE
DE L'ARCHITECTVRE
SVR LES BORDS DE LA SEINE
CONSERVAT
DES ARTS ET
METIERS
NORD
PARIS
OVEST
SEINE
EST
SEINE
SVD

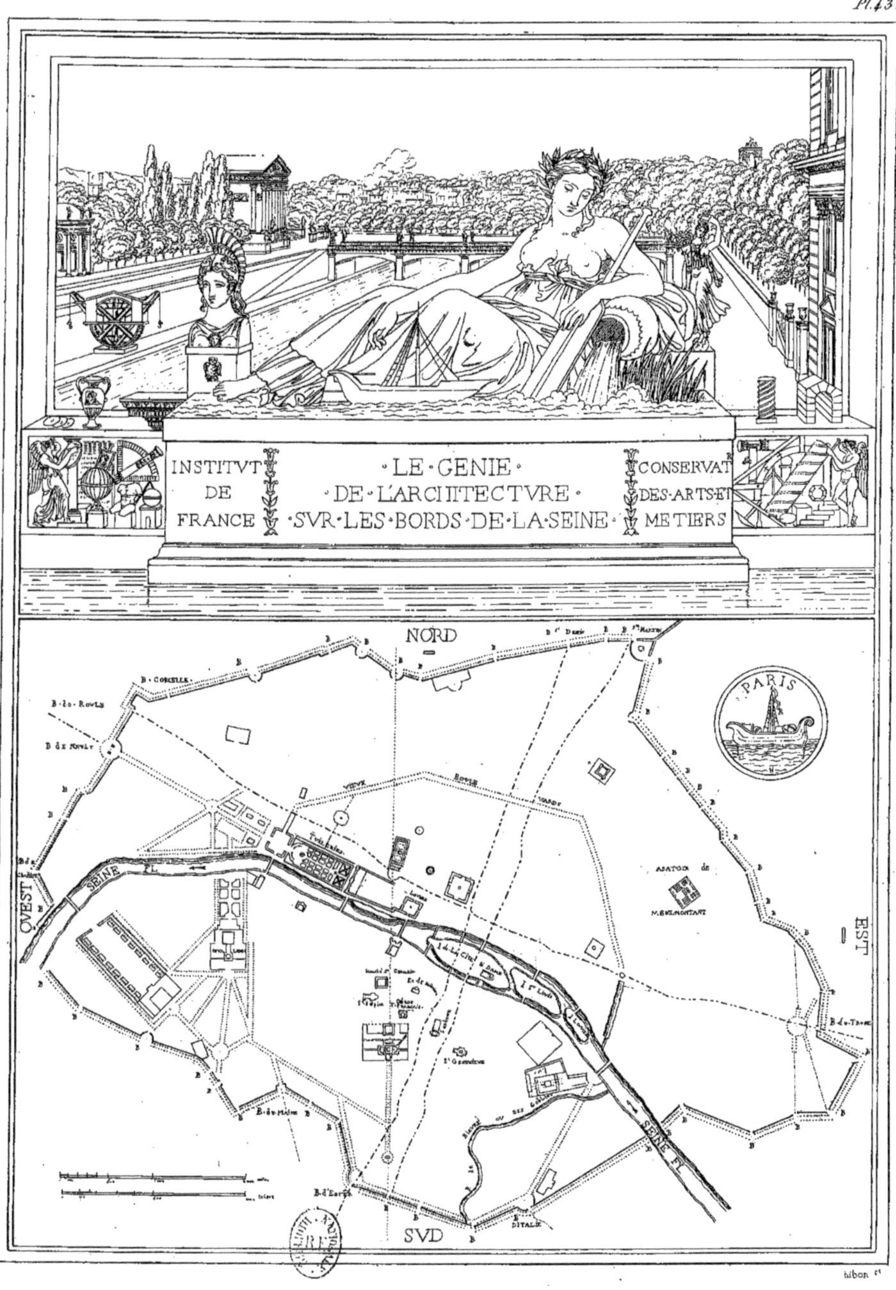

hibon sc

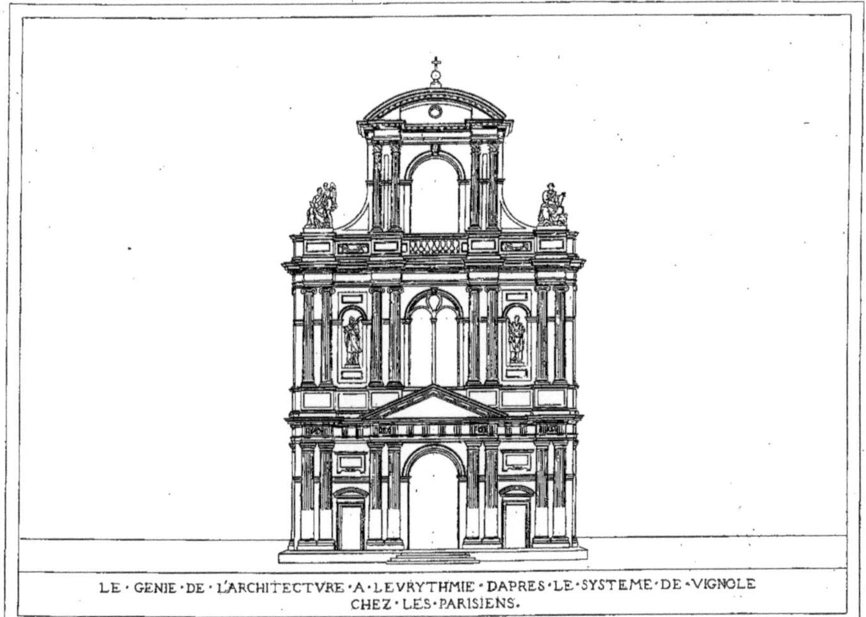

LE · GENIE · DE · L'ARCHITECTVRE · A · LEVRYTHMIE · D'APRES · LE · SYSTEME · DE · VIGNOLE CHEZ · LES · PARISIENS.

THIERRY. SEC.

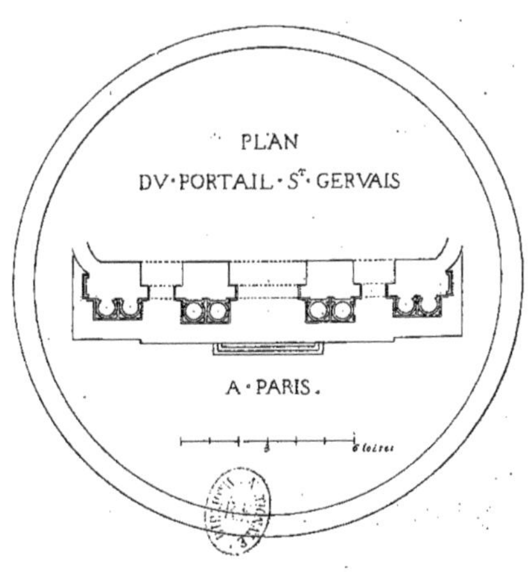

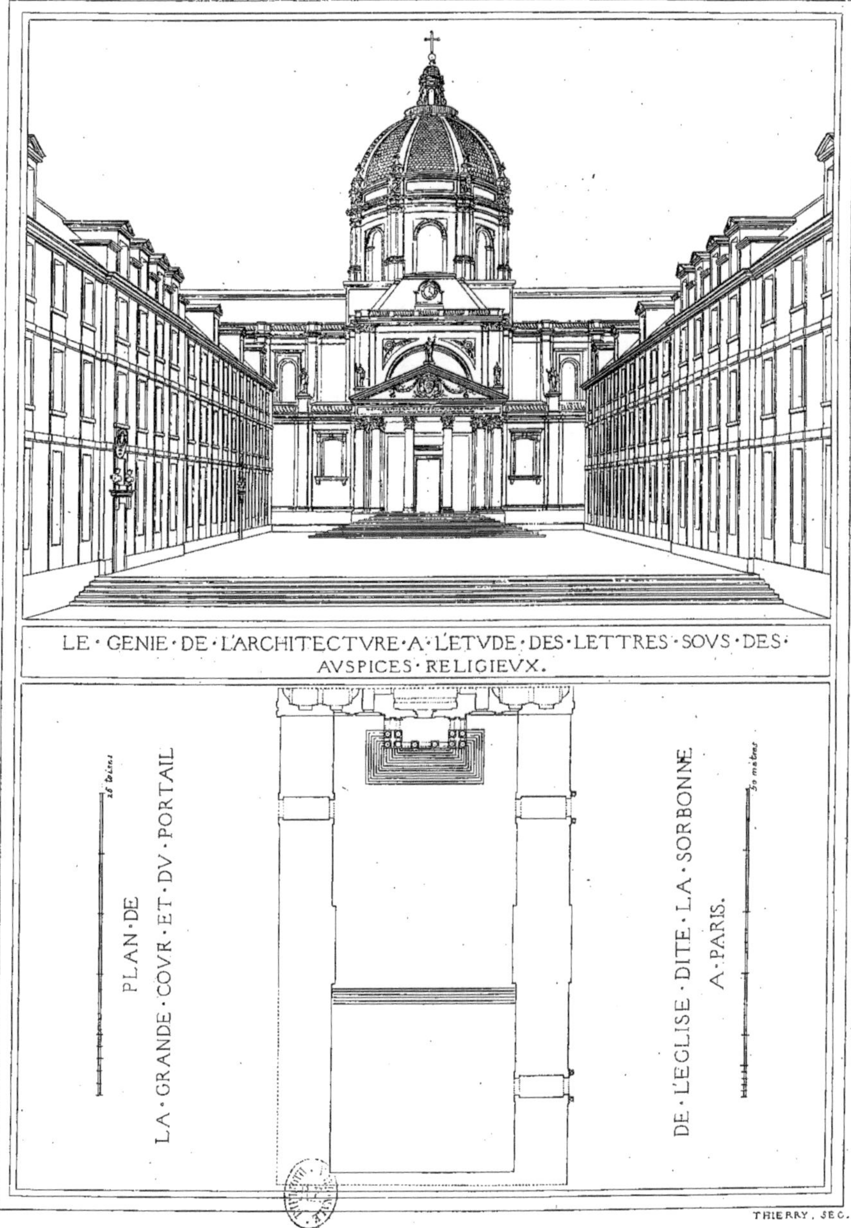
LE · GENIE · DE · L'ARCHITECTVRE · A · L'ETVDE · DES · LETTRES · SOVS · DES · AVSPICES · RELIGIEVX.
PLAN · DE
LA · GRANDE · COVR · ET · DV · PORTAIL
DE · L'EGLISE · DITE · LA · SORBONNE
A · PARIS.

THIERRY, SÉC.

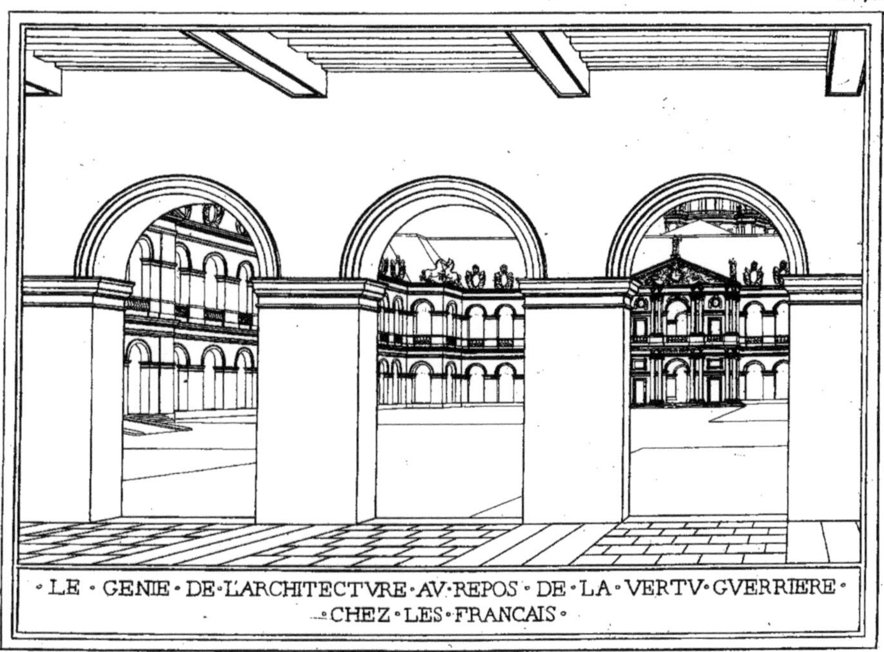

· LE · GENIE · DE · L'ARCHITECTVRE · AV · REPOS · DE · LA · VERTV · GVERRIERE ·
· CHEZ · LES · FRANCAIS ·

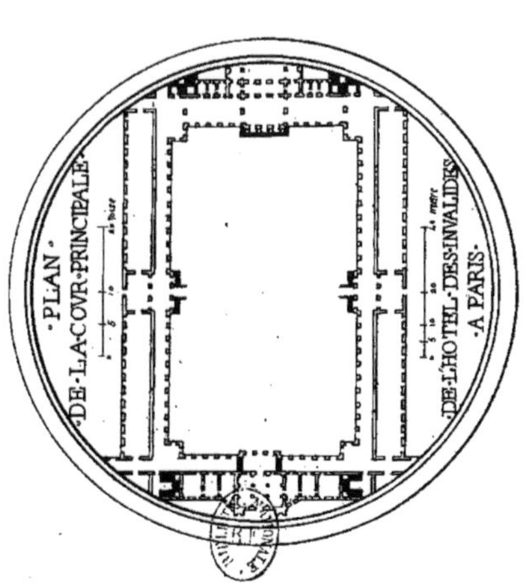

Pl. 47.

LE·GENIE·DE·L'ARCHITECTVRE·AVX·EFFETS·D'OPTIQVE·AV·COLOSSAL·A·L'HARMONIE·CHEZ·LES·PARISIENS.

THIERRY SEC

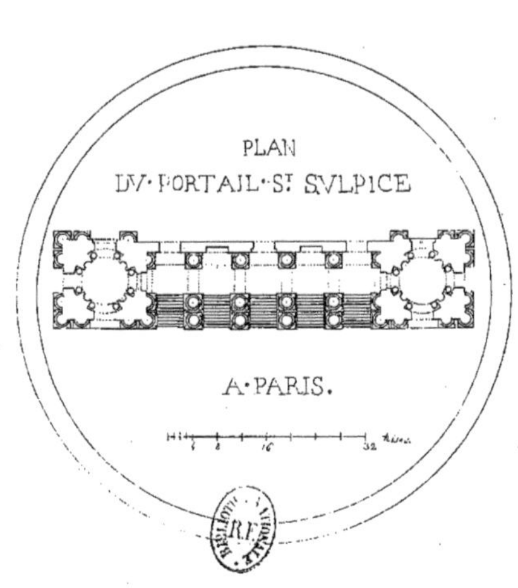

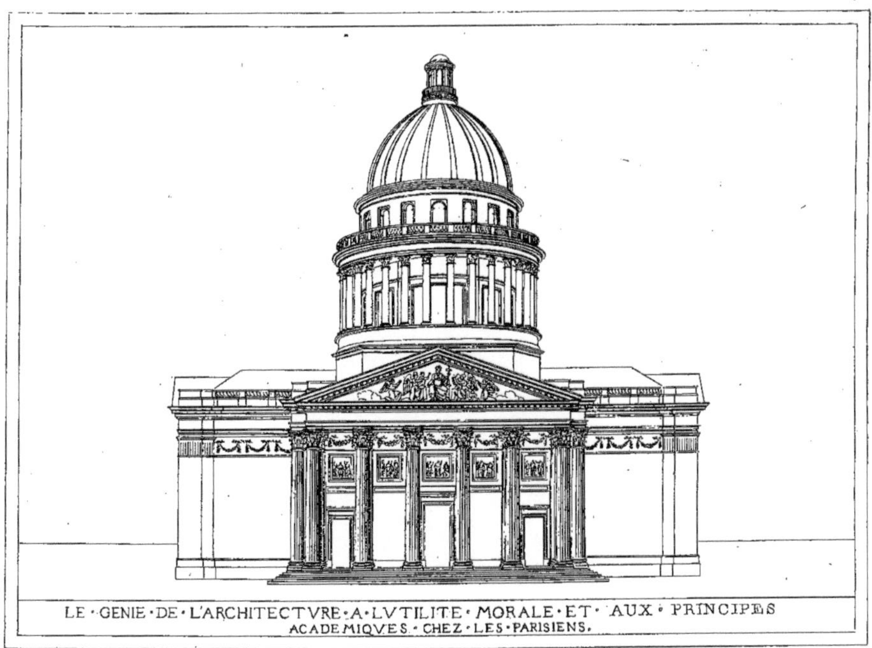
LE · GENIE · DE · L'ARCHITECTVRE · A · LVTILITE · MORALE · ET · AUX · PRINCIPES
ACADEMIQVES · CHEZ · LES · PARISIENS.

THIERRY, SEC.

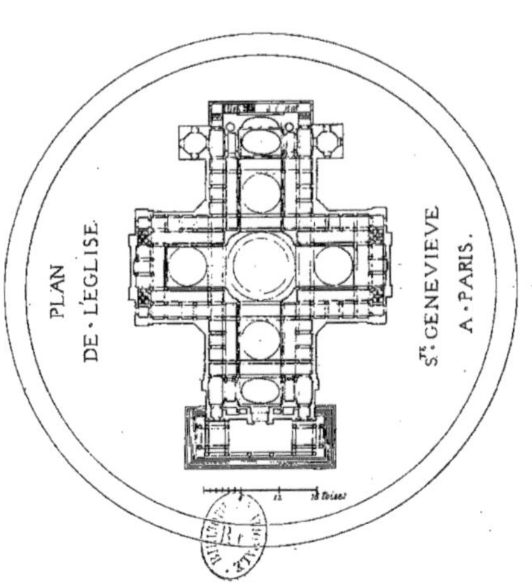
PLAN
DE · L'EGLISE
S.TE GENEVIEVE
A · PARIS.

LE·GENIE·DE·L'ARCHITECTVRE·A·L'VTILITE·PHYSIQVE·ET·AUX·PRINCIPES ACADEMIQVES·CHEZ·LES·PARISIENS.

THIERRY. SE C.

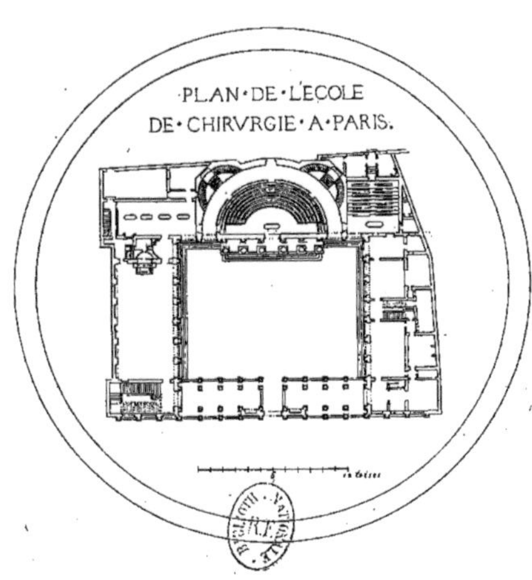

·PLAN·DE·L'ECOLE DE·CHIRVRGIE·A·PARIS.

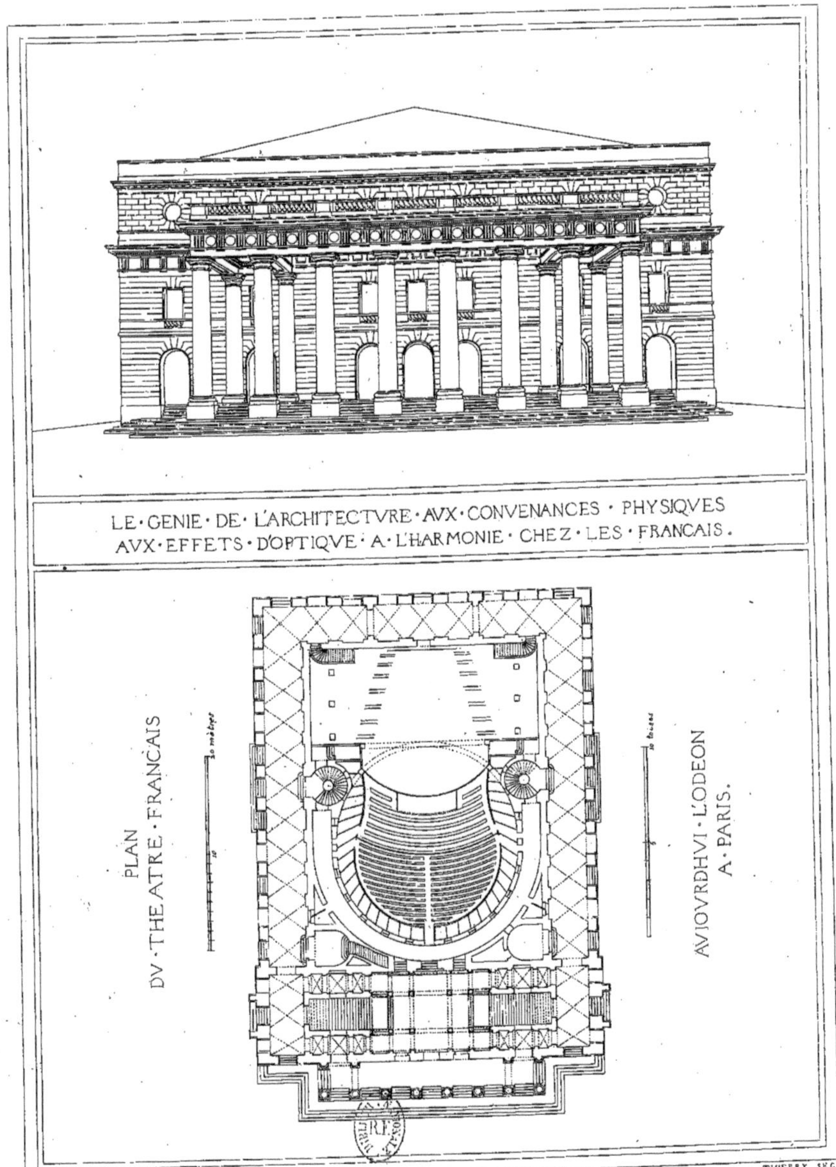
LE·GENIE·DE·L'ARCHITECTVRE·AVX·CONVENANCES·PHYSIQVES
AVX·EFFETS·D'OPTIQVE·A·L'HARMONIE·CHEZ·LES·FRANCAIS.
PLAN
DV·THEATRE·FRANCAIS
AVJOVRDHVI·L'ODEON
A·PARIS.
10 mètres
10 toises

THIERRY. SC.

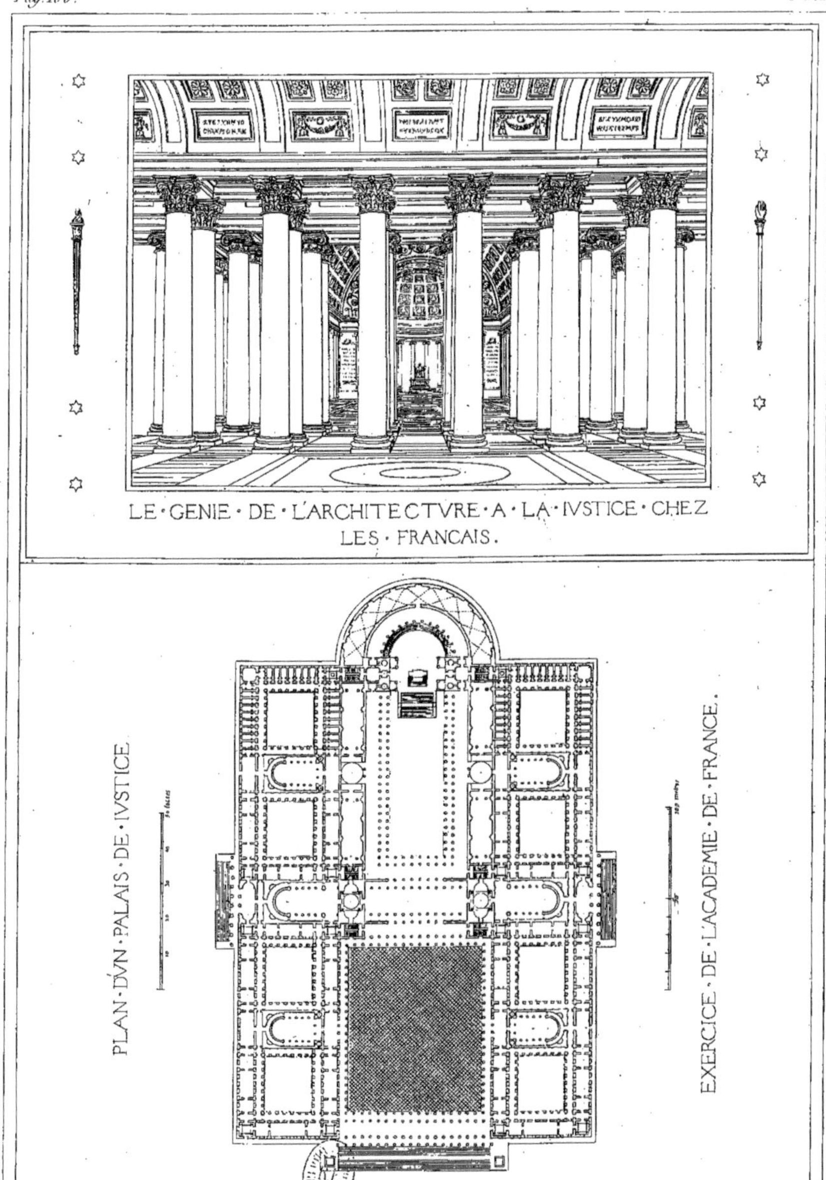
LE · GENIE · DE · L'ARCHITECTVRE · A · LA · IVSTICE · CHEZ
LES · FRANCAIS.
PLAN · D'VN · PALAIS · DE · IVSTICE
EXERCICE · DE · L'ACADEMIE · DE · FRANCE.

THIERRY. SEC.

EXERCICE DE L'ACADEMIE DE FRANCE A PARIS

LE·GENIE·DE·L'ARCHITECTVRE·A·L'VTILITE·PHYSIQVE

PLAN·D'VN·TRESOR·PVBLIC·

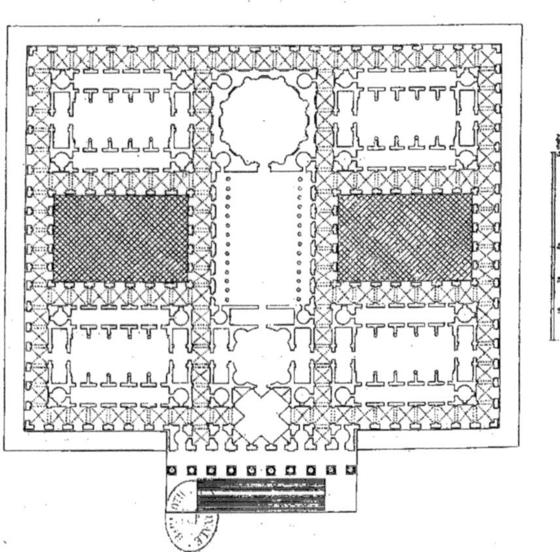

SELON·LE·PROGRAMME·DONNE·

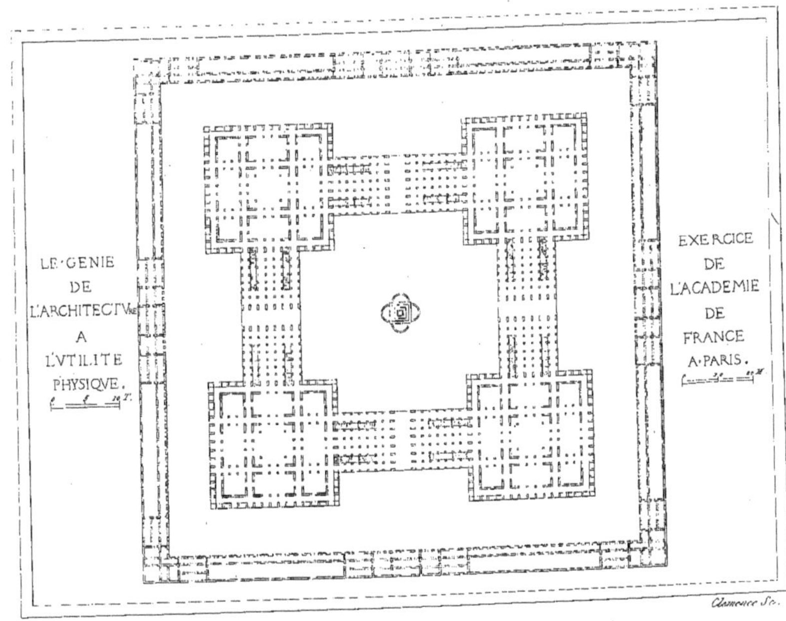
LE·GENIE
DE
L'ARCHITECTVRE
A
L'VTILITE
PHYSIQVE.
EXERCICE
DE
L'ACADEMIE
DE
FRANCE
A·PARIS.

Clemence Sc.

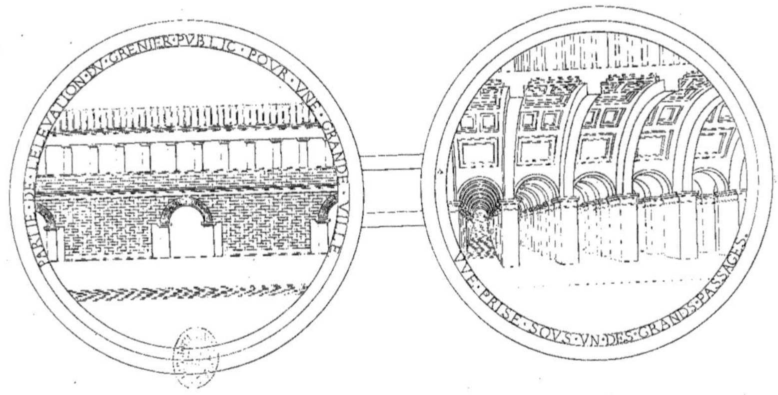
PARTIE·DE·L'ELEVATION·D'VN·GRENIER·PVBLIC·POVR·VNE·GRANDE·VILLE
VVE·PRISE·SOVS·VN·DES·GRANDS·PASSAGES.

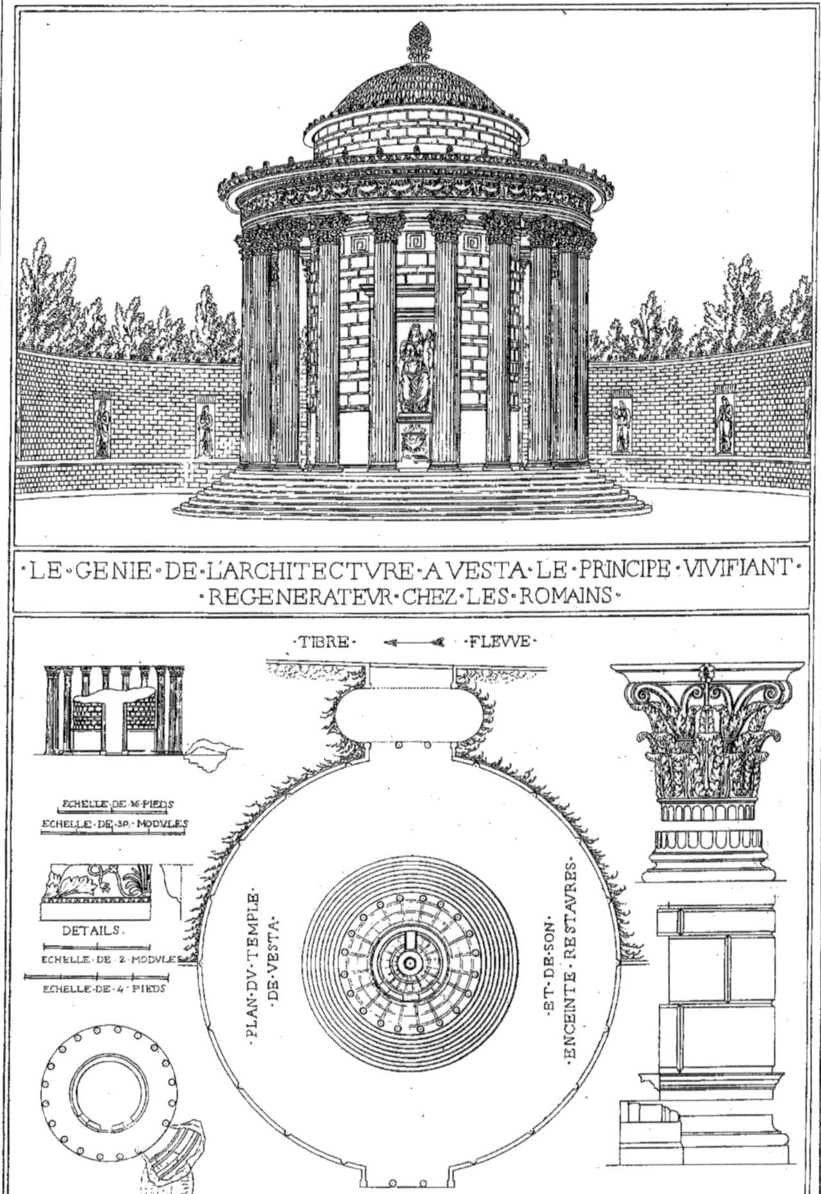

·LE·GENIE·DE·L'ARCHITECTVRE·A VESTA·LE·PRINCIPE·VIVIFIANT·
·REGENERATEVR·CHEZ·LES·ROMAINS·

HIBON S^t

LE GENIE DE L'ARCHITECTVRE A LA VICTOIRE CHEZ LES FRANÇAIS

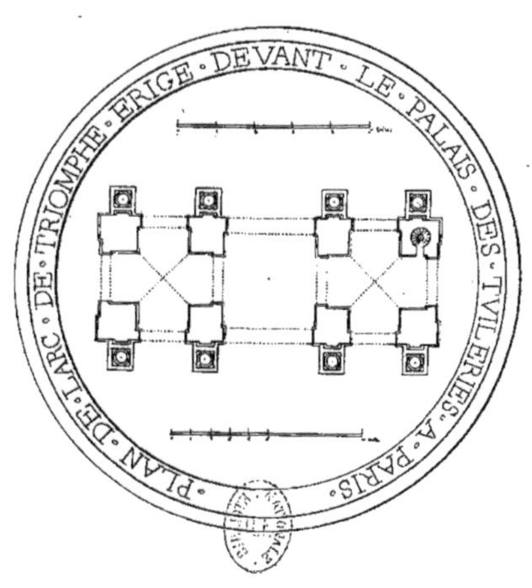

PLAN DE L'ARC DE TRIOMPHE ERIGE DEVANT LE PALAIS DES TVILERIES A PARIS

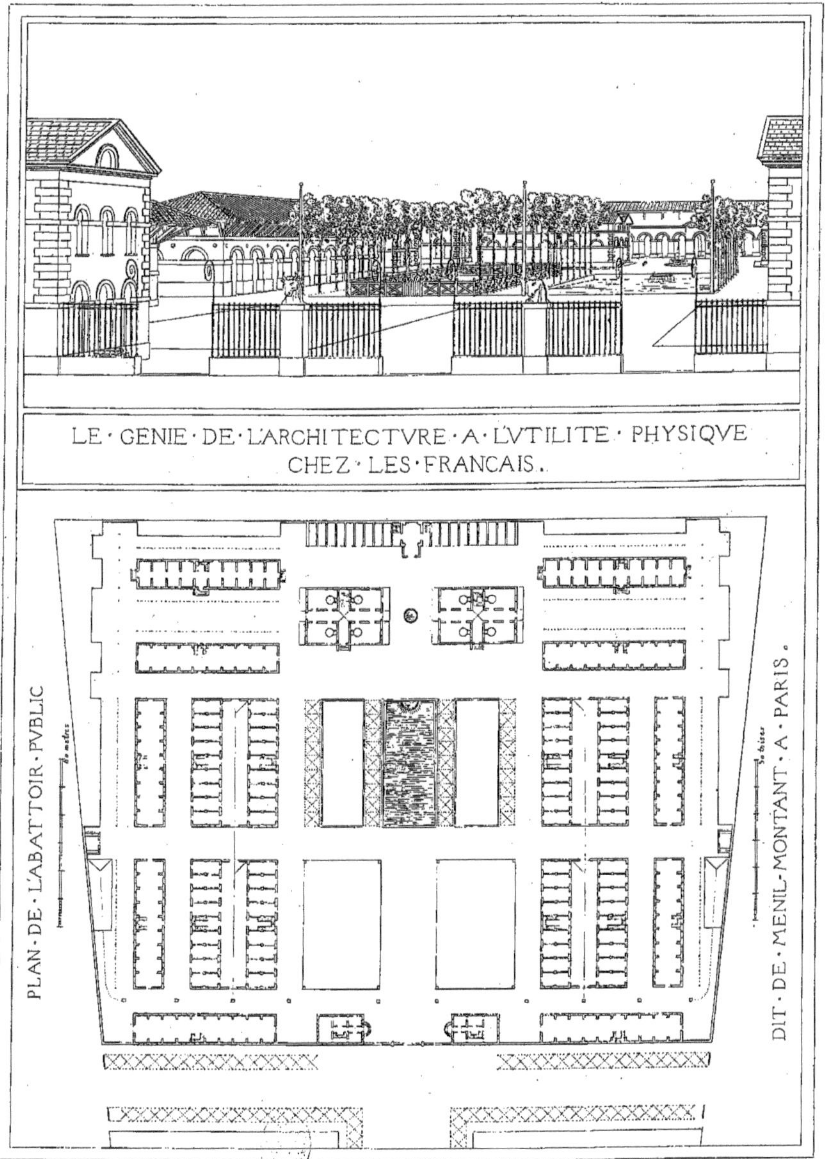
LE · GENIE · DE · L'ARCHITECTURE · A · L'UTILITE · PHYSIQUE
CHEZ · LES · FRANCAIS.
PLAN · DE · L'ABATTOIR · PUBLIC
DIT · DE · MENIL-MONTANT · A · PARIS.
THIERRY SC

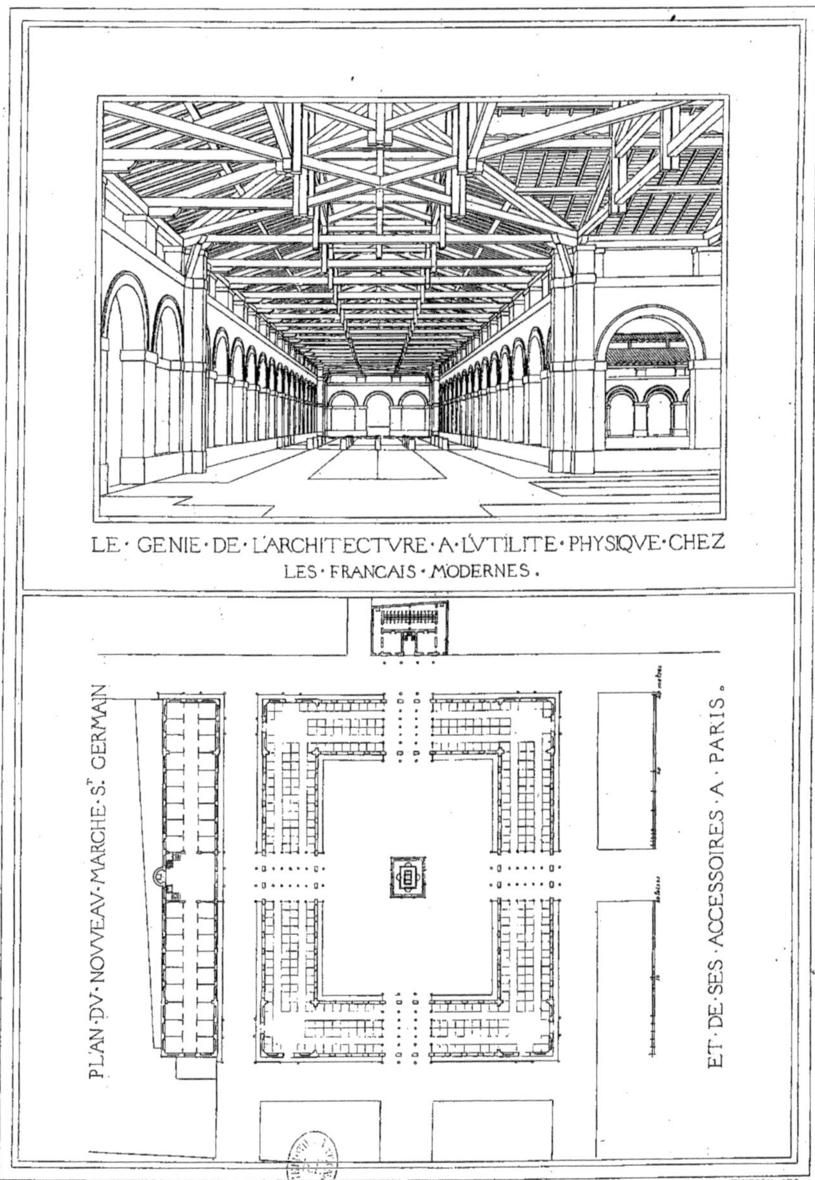
LE · GENIE · DE · L'ARCHITECTVRE · A · L'VTILITE · PHYSIQVE · CHEZ
LES · FRANCAIS · MODERNES .
PLAN · DV · NOVVEAV · MARCHE · St GERMAIN
ET · DE · SES · ACCESSOIRES · A · PARIS .

THIERRY SC.

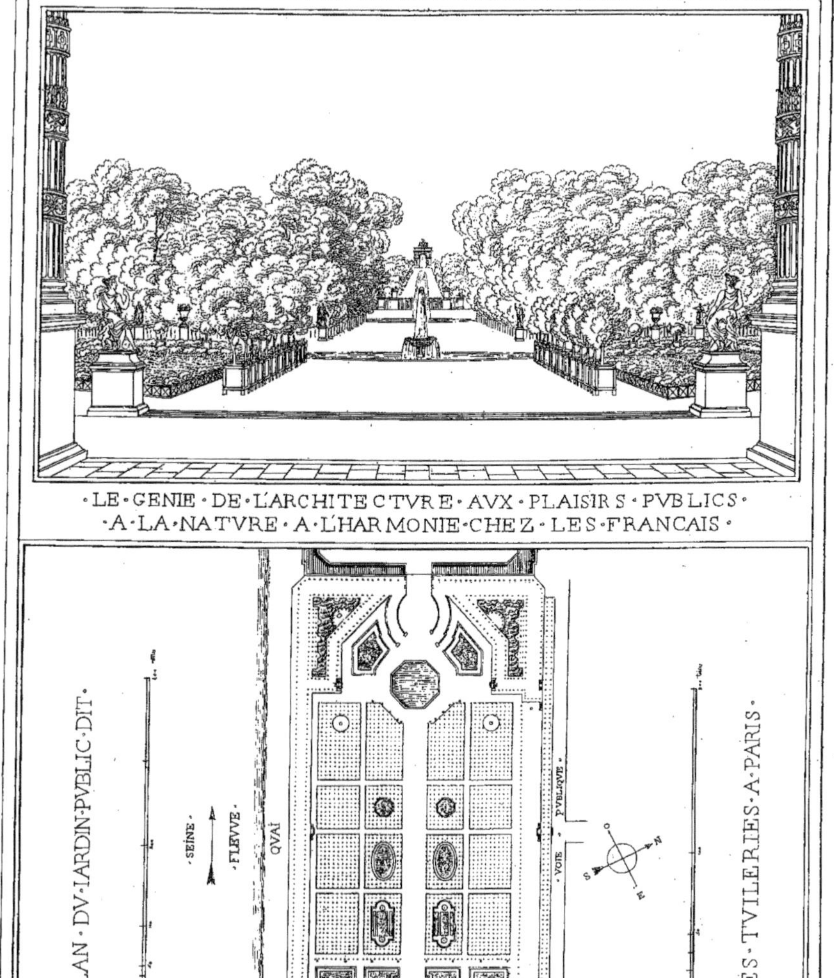
·LE·GENIE·DE·L'ARCHITECTVRE·AVX·PLAISIRS·PVBLICS·
·A·LA·NATVRE·A·L'HARMONIE·CHEZ·LES·FRANCAIS·
·PLAN·DV·IARDIN·PVBLIC·DIT·
·SEINE·
·FLEVVE·
QVAI
·VOIE·PVBLIQVE·
O
N
S
E
·DES·TVILERIES·A·PARIS·

· LE · GENIE · DE · L'ARCHITECTURE · AUX · PLAISIRS · PRIVES · CHEZ · LES · ITALIENS ·

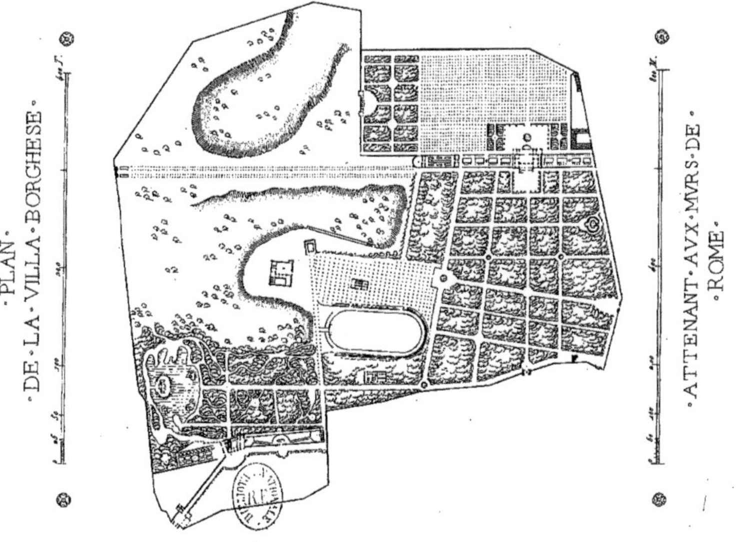

Hibon sc.

·LE·GENIE·DE·L'ARCHITECTVRE·AVX·MVSES·AVX·DELASSEMENTS·PRIVES·
·CHEZ·LES·ROMAINS·

HIBON·Sc

·PLAN·
DV·CASIN·DE·LA·VILLA·PIA·
·APPELEE·EGALEMENT·IARDINS·DV·
·VATICAN·

·ECHELLE·DE·30·TOISES·

·ECHELLE·DE·60·METRES·

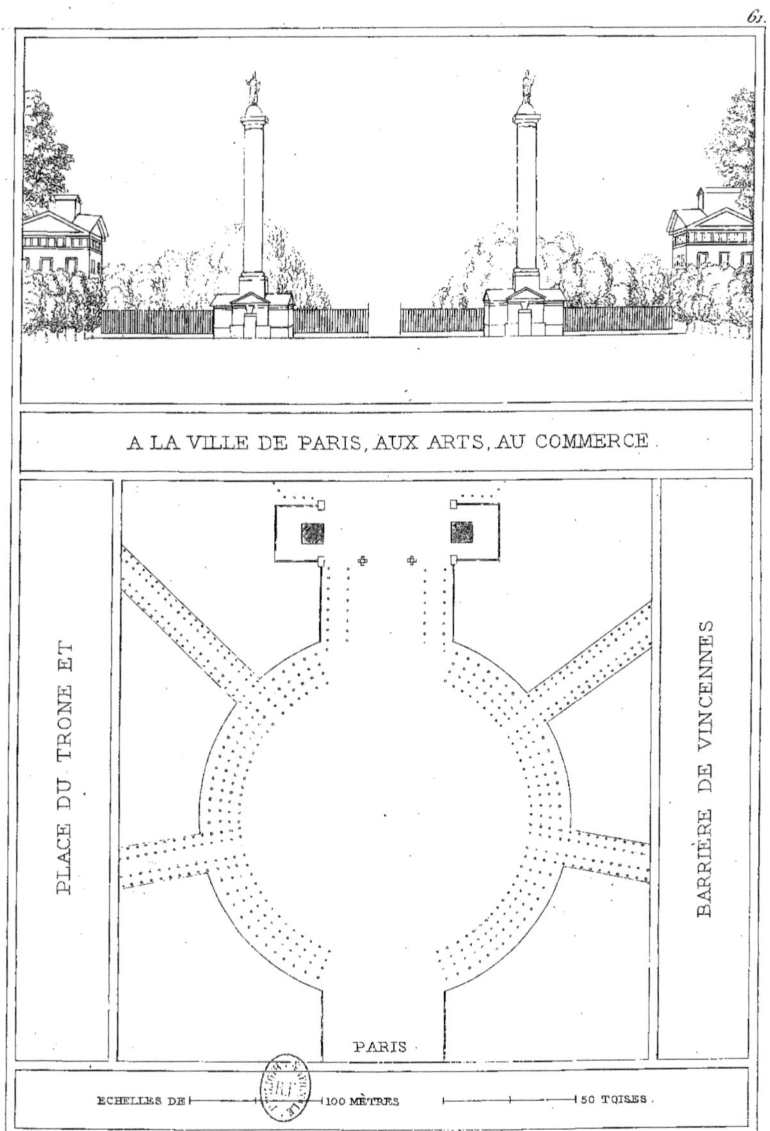
A LA VILLE DE PARIS, AUX ARTS, AU COMMERCE.
PLACE DU TRONE ET
BARRIÈRE DE VINCENNES
PARIS
ECHELLES DE 100 MÈTRES 50 TOISES.

RESTES
DU
TEMPLE
DE
VESTA
ET
PLAN
DE LA
VILLA D'ESTE
A
TIVOLI.
ECHELLE
DE
60 MÈTRES
30 TOISES

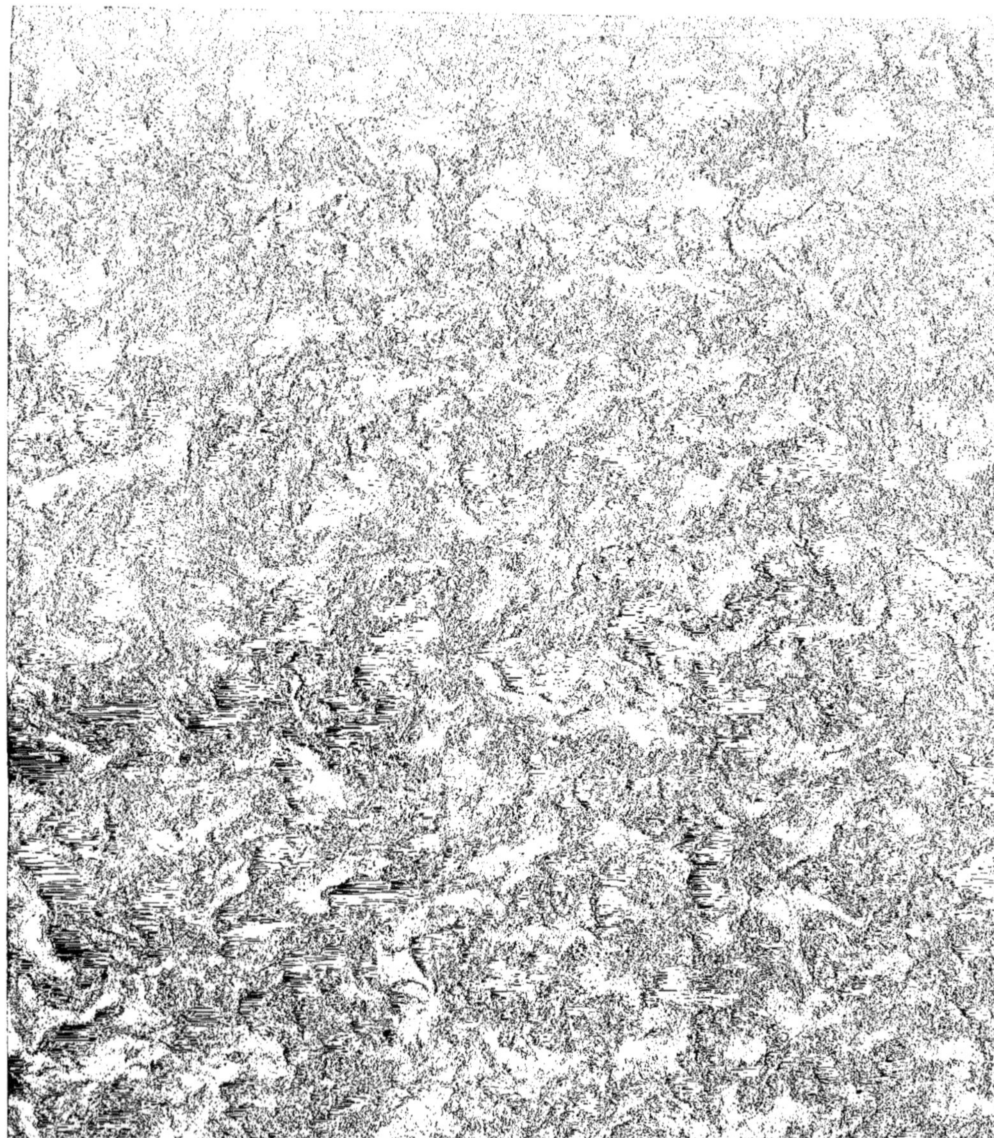

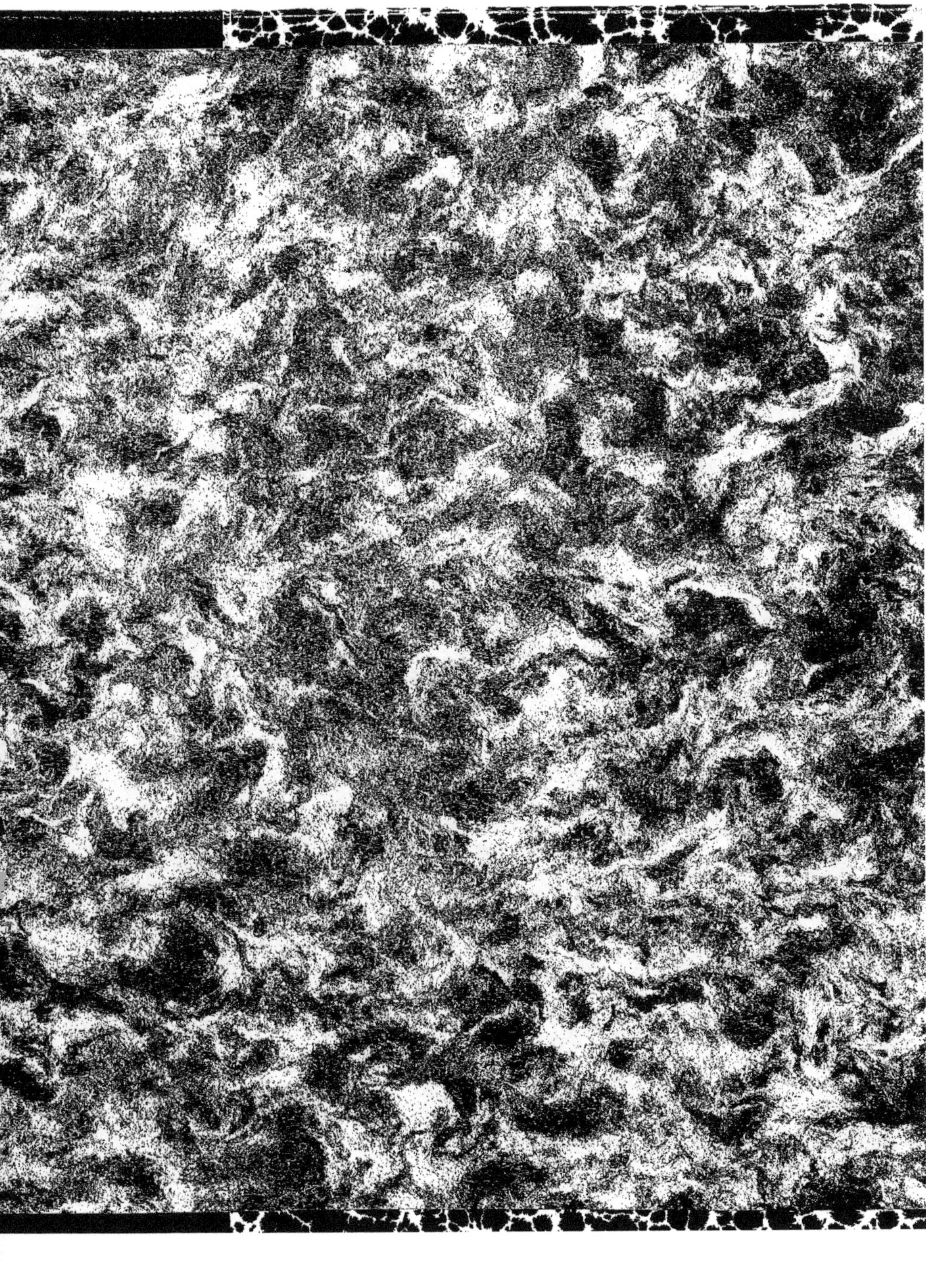

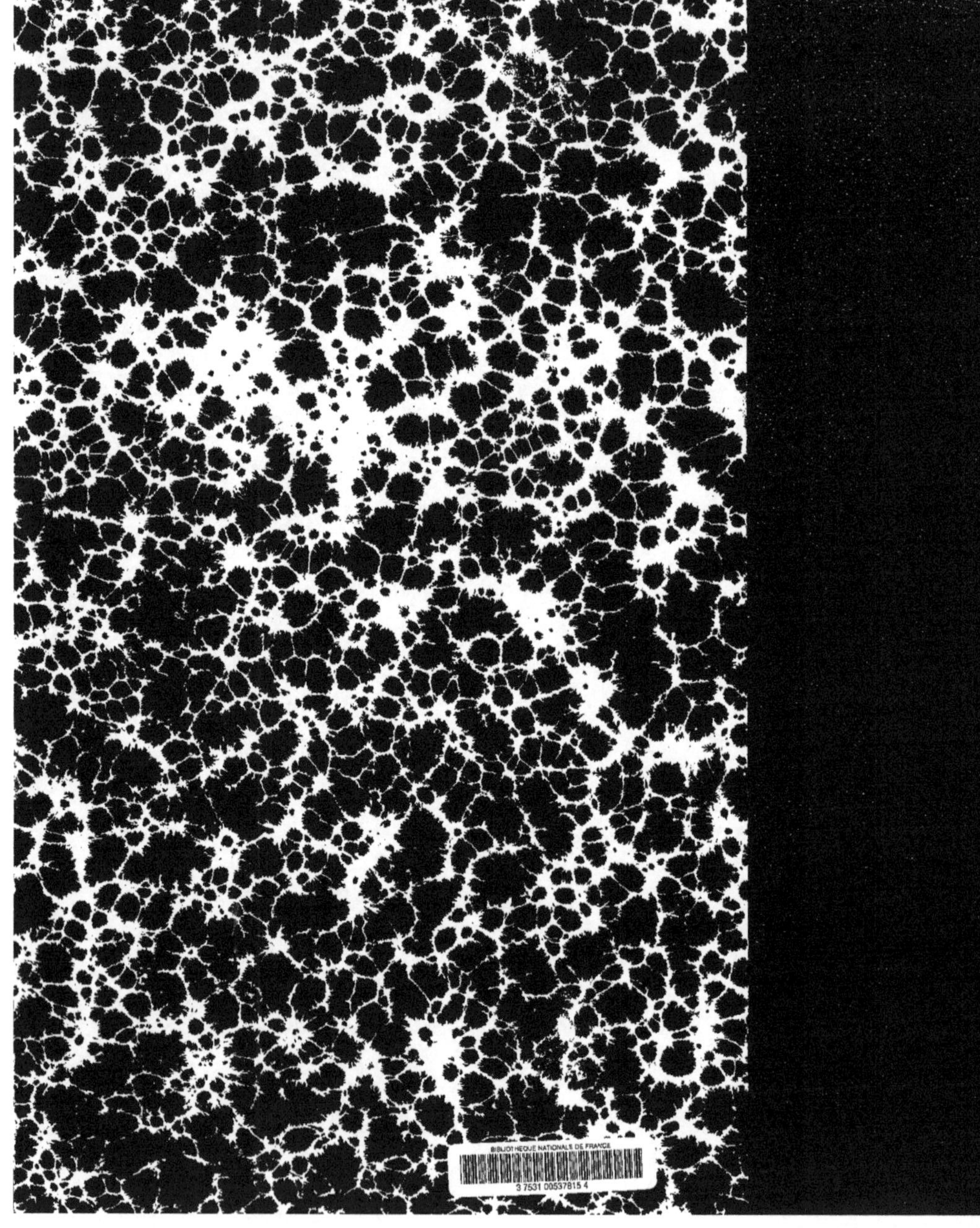

www.ingramcontent.com/pod-product-compliance
Ingram Content Group UK Ltd.
Pitfield, Milton Keynes, MK11 3LW, UK
UKHW022104190726
13855UKWH00002B/636